KAA & KAI

Korean AAC Assessment
Korean AAC Intervention

언어치료사 및 특수교사를 위한

한국 보완대체의사소통 평가 및 중재 프로그램

| 김영태 · 박은혜 · 한선경 · 구정아 공저 |

학지사

머리말

심한 말장애로 인해 의사소통의 잠재력이 과소평가되고, 때로는 그 어떤 의사소통의 시도도 무시되며, 심하게는 인지력이나 성격 결함까지 의심받던 말장애자들에게는 참으로 답답한 시절이 있었다. 이러한 사회적 편견과 기회의 불평등은 말을 보완하거나 대체해서라도 의사소통을 하도록 해야 한다는 인간의 의사소통 기본 권리가 강조되면서 새로운 돌파구를 마련하기 시작하였다. 이러한 보완대체의사소통(Augmentative and Alternative Communication: AAC)의 개념은 그 태생 때문인지 다른 학문적 개념과는 다르게 매우 탄력적으로 의사소통자의 생활에 적용되고 있다. 자신의 신체 부위를 사용하는 것으로부터 새로운 테크놀로지를 접목시키며 다양하고 융합적인 변화의 가능성을 가지게 되었다. 사용자도 말을 전혀 못하는 무발화인부터 최소한의 언어를 가진 최소발화인, 나아가 언어 습득이 늦는 발달장애인에게까지 그 범위가 다양해졌다.

우리나라에서는 뇌병변장애인들을 중심으로 AAC에 대한 필요와 지원의 요구가 오랫동안 제기되어 왔으나, 최근 들어 공학, 특수교육학, 언어병리학 중심의 AAC 융합연구가 시작되면서 그 활용의 범위와 도구의 개발도 다양해지고 있다. 비록 매우 제한되어 있기는 하지만 무료 또는 유료의 프로그램들이 개발되고 장애인을 위한 정부의 지원도 확대되고 있다. AAC는 단순한 보장구가 아니라서 사용자에게 AAC 도구를 제공해 주는 것만으로는 별 의미가 없다. AAC가 사용자의 의사소통 도구가 되기 위해서는 사용자 개인의 의사소통 상황에 맞는 AAC 평가와 지원 절차가 필요하다. 이러한 지원은 AAC를 많이 다루어 본 언어치료사나 특수교사가 수행할 수 있지만 아직은 AAC로 특화된 전문가도, 검증된 평가나 중재 프로그램도 부족하다.

이에 저자들은 이 책을 통하여 언어치료사나 특수교사가 잠재적 AAC 사용자를 지원할 때 가이드북으로 활용할 수 있는 평가(KAA) 및 중재(KAI) 프로그램 절차를 제안하였다. 바라기는 언어치료사나 특수교사가 이 책을 통하여 장기 혹은 단기의 AAC 사용자들을 조금이나마 효율적으로 지원할 수 있기를 바라는 마음이다. 저자들은 특정 도구나 상징에 국한되지 않도록 국내외에서 무료 및 유료로 제공되고 있는 자료들을 가능한 한 많이 소개하고자 하였다.

이 책의 1장에서는 AAC에 대한 기초 지식과 KAA 및 KAI에 대한 개괄적인 소개를 하였다. 2장에서는 잠재적 AAC 사용자에 대한 중재를 위해 현재 의사소통 수준과 환경, 개인적인 특성 및 선호도 등을 고려하는 평가 절차(KAA)를 설명하였고, 실제 현장에서 활용할 평가 관련 기록지들은 부록에 제시하였다. 3장에서는 KAA에 기초하여 의사소통 수준, 환경, 대화 상대자를 고려한 AAC 중재 절차(KAI)를 설명하였다. 아직은 부족한 가이드북 수준이지만, AAC 중재를 망설이는 관련 전문가들에게 용기 있는 첫걸음을 떼게 하는 발판이 되기를 바라는 마음이다.

2016년 8월

김영태, 박은혜, 한선경, 구정아

차 례

서 론

1장

1. 이론적 기초

1) AAC의 정의

보완대체의사소통(Augmentative and Alternative Communication: AAC)은 말과 언어의 표현 및 이해에 어려움을 가진 사람들의 일시적 또는 영구적 손상, 활동 한계, 참여 제약 등을 고려하여 구어를 보완하거나 대체하는 것을 말한다(ASHA, 2005).

AAC는 장애인과 비장애인 모두 사용할 수 있다. 모바일 메신저 서비스를 이용하여 글자나 이모티콘으로 의사소통을 한다거나, 외국어를 할 수 없는 해외여행자들이 의사소통 팔찌를 사용하는 것은 비장애인들이 사용할 수 있는 AAC의 예다. 장애가 있는 사람들의 경우, 일시적 또는 영구적 손상으로 인하여 기능적인 구어 사용을 못하는 경우뿐만 아니라 구어로 표현을 할 수 있더라도 구어 표현이 제한적이거나 말명료도가 낮을 경우 AAC가 필요하다. 구체적인 AAC 사용자 유형으로는 크게 선천적 장애와 후천적 장애로 나눌 수 있는데, 선천적 장애에는 지적장애, 자폐범주성장애, 뇌성마비, 발달적 말 실행증이 있고 후천적 장애에는 뇌졸중, 척수손상, 외상성뇌손상(TBI), 근위축성측색경화증(ALS) 등이 있다.

AAC를 사용하는 경우 AAC 사용자의 언어 및 의사소통 능력뿐만 아니라 대화 상대자와의 상호작용도 증진시킬 수 있다. 또한 가정이나 학교, 직장, 여가 활동 등에서의 활동 참여도 증가시킬 수 있다. 장애학생의 경우 의사소통의 어려움으로 인해 제한되었던 학습 참여 기회를 높이고 적극적이고 능동적인 참여를 통해 학업 성취를 높일 수 있다. AAC 사용은 의사소통 단절로 인한 좌절감이나 부적절한 문제행동 빈도를 줄일 수 있게 한다(박은혜, 김정연, 2010). 성인의 경우, 취업의 기회 증진뿐만 아니라 여가 생활 참여 확대 등 지역사회에서 독립적인 구성원으로서 생활하는 데 필요한 기초를 마련할 수 있다(McNaughton, Symons, Light, & Parsons, 2006).

AAC의 사용과 관련해서 기본이 되는 전제는 다음과 같다.

• 권리로서 보장되어야 할 의사소통

누구나 자신의 생각과 요구, 감정을 표현할 수 있도록 의사소통은 하나의 권리로서 보장되어야 한다. UN 장애인권리협약에 따르면 장애인의 의사소통권을 보장하기 위하여 수화, 점자, AAC 등 모든 접근 가능한 수단과 방식이 사용될 수 있으며(21조 b항), 교육, 사법, 자립생활, 근로 및 고용 등 성인 생활의 모든 영역에 걸쳐 불이익을 받는 일이 없도록 해야 함을 명시하고 있다(Huer, 2012). 또한 미국 말-언어청각협회(American Speech-Language Hearing Asociation, 이하 ASHA)의 중도장애 학생의 의사소통 필요를 위한 연합회(National Joint Committee for the Communication Needs of Persons with Severe Disabilities)는 장애를 가진 모든 이를 위해 의사소통 권리에 대한 헌장을 제정하였다.[1] 이와 같이 말이나 언어 표현에 심한 어려움을 가진 중도장애인이라도 의사소통을 할 권리를 가지며, 이러한 권리를 실현하기 위한 방법으로 AAC의 중요성이 점차 더욱 커지고 있다.

• 협력을 기반으로 하는 통합적 접근 방법

AAC를 사용함에 있어 AAC 사용자의 언어 사용과 관련된 전문가들의 협력이 중요하다. 언어치료 및 교육에 관련된 다양한 사람들(예: 언어치료사, 특수교사, 부모, 보조공학사, 물리치료사, 작업치료사 등)이 함께 협력하여 AAC에 관한 진단과 결정을 하게 되면 진단과 중재의 정확성과 효과성을 높일 수 있을 뿐만 아니라 중재가 일관성 있게 수행될 수 있다(Beukelman & Mirenda, 2008; 박은혜, 김정연, 2010).

• 실생활 맥락 속에서 이루어지는 의사소통

AAC의 사용 목적은 실제 대화가 이루어지는 환경의 맥락 속에서 의사소통이 원활하게 이루어지도록 하는 것이다. 따라서 실제 상황과 같은 자연스러운 환경에서 대화가 이루어지도록 AAC 사용자가 경험하는 다양한 생활환경 가운데 어떠한 의사소통이 어떠한 사회적 맥락에서 일어나는지에 대한 정보를 파악하고 중재를 제공하도록 한다(Downing, 2005).

• 대화 상대자의 중요성

실생활에서 효과적인 의사소통을 하기 위해서는 AAC를 사용하는 사람뿐 아니라 대화 상대자의 역할이 중요하다. 대화 상대자는 AAC 사용자의 의사소통 반응을 파악하고 상호작용을 촉진하며 실제적이고 동기 부여가 되는 의사소통 기회를 제공함으로써 의사소통 중재의 성공에 많은 영향을 미친다(Beukelman & Mirenda, 2008; Kent-Walsh & McNaughton, 2005). 이에 따라 사용자 중재뿐만

---

1) http://www.asha.org/uploadedFiles/NJC-Communication-Bill-Rights.pdf

아니라 양육자 및 대화 상대자의 훈련을 포함하는 것이 중요하다.

2) AAC의 주요 개념

AAC의 주요 개념과 관련하여 상징, 도구, 기법, 전략 등의 요소를 살펴보면 다음과 같다.

(1) 상징

AAC 상징(symbols)이란 구어 이외의 다양한 상징을 지칭한다. [그림 1-1]과 같이 AAC에 사용되는 상징은 도구를 필요로 하지 않는 비도구적 상징, 도구를 필요로 하는 도구적 상징, 그리고 도구적 상징과 비도구적 상징을 결합하여 사용하는 복합상징으로 나누어 볼 수 있다. 비도구적 상징에는 표정, 제스처, 수화 등이 포함되고, 도구적 상징에는 실물, 축소형 사물, 사물의 일부, 사진, 그림(선화), 블리스 상징 등이 있으며, 복합상징으로는 마카톤 어휘가 있다. 마카톤 어휘는 수화 또는 제스처와 같은 비도구적 상징과 그림과 같은 도구적 상징을 함께 사용하는 것을 말한다. 국내에서 많이 이용하는 AAC 그림 상징으로는 이화 AAC 상징(Ewha AAC symbols)[2]과 미국 Mayer-Johnson사에서 개발한 그림의사소통상징(Picture Communication Symbols: PCS), SymbolStix 등이 있다. 그 외에도 국내 AAC 도구들(예: 키즈보이스[Kids Voice], 스마트 오케이 톡톡[Smart OK Toc Talk], 보이스탭[Voice Tab], 위드톡[With Talk]) 등에 탑재된 다양한 그림 상징들이 있다.

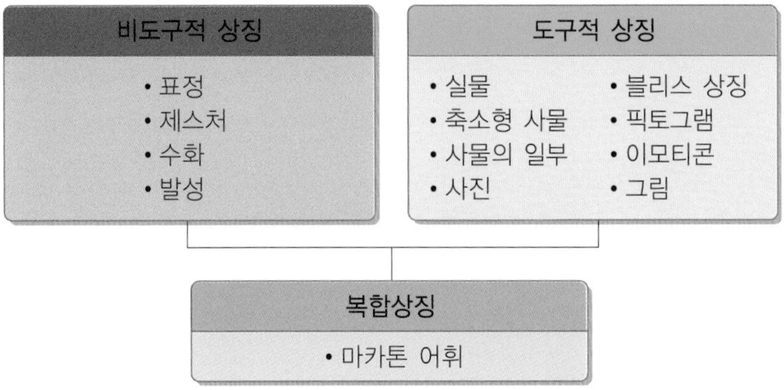

[그림 1-1] 비도구적 상징, 도구적 상징, 복합상징의 예

2) 이화 AAC 상징은 마이토키 보드, 나의 AAC PC 등과 같은 상징 편집 프로그램에서 출력하여 활용할 수 있다.

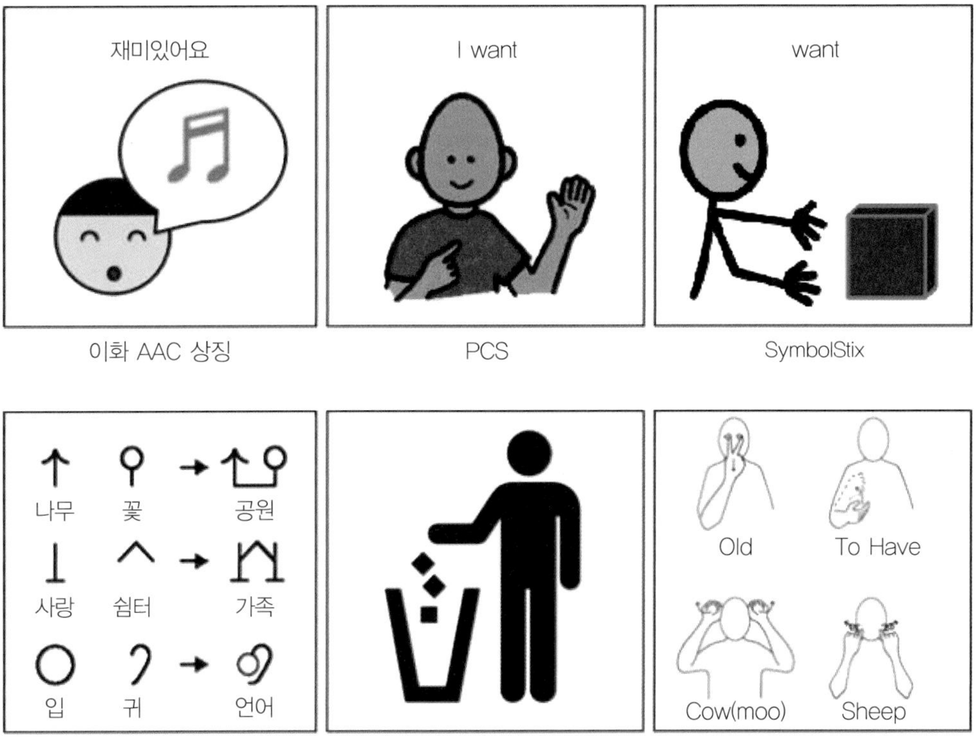

이화 AAC 상징 PCS SymbolStix

블리스(Bliss) 상징 픽토그램(Pictogram) 마카톤(Makaton) 어휘

[그림 1-2] **그림(선화)상징의 예**

(2) 도구

AAC 도구(aids)는 상징을 담고 있는 물리적인 도구나 장치를 말한다. 도구는 직접 회로(IC) 내장 여부에 따라 비전자적인 도구와 전자적인 도구로 나뉜다. 비전자적 도구(no tech/low-tech)는 전자적인 기능이 없는 것을 말하는데, 의사소통판, 의사소통 목걸이나 팔찌, 의사소통 수첩, 의사소통

비전자적 도구	간단한 녹음 도구	하이테크 의사소통 도구
• 의사소통판 • 의사소통책 • 의사소통 팔찌 • 의사소통 목걸이 • 의사소통 앞치마	• 스마트 오케이 톡톡 • 녹음 스위치	• PC 기반: 키즈보이스, 마이토키 • 앱기반(기기 탑재): 마이토키 스마트, 위드톡, 보이스탭 • 기타

[그림 1-3] **도구의 예**

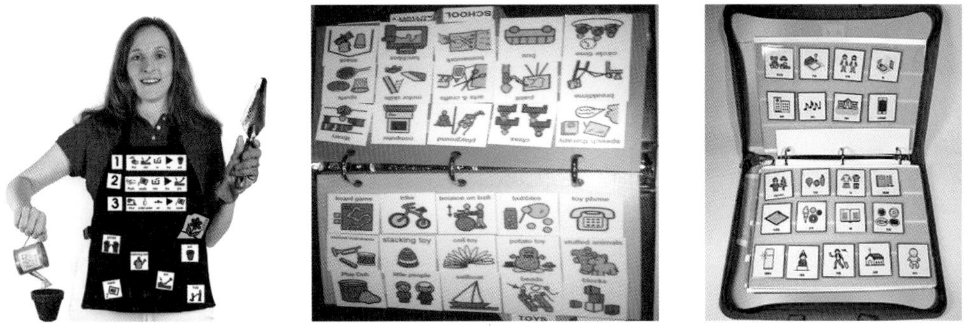

의사소통 앞치마 / 의사소통책 / 의사소통 가방: 컴백 (communicaion bag)

[그림 1-4] 비전자적 도구(no tech/low-tech devices)의 예

사진 출처: http://www.beyondplay.com, http://www.hanspeak.com

가방 등이 포함된다. 비전자적 도구들은 전자적 도구에 비해 가격이 저렴하고, AAC 사용자의 필요에 따라 다양한 형태로 제작할 수 있다는 장점을 가진다. AAC 시작 때부터 고가의 AAC 도구를 구매하는 것을 부담스러워하기 때문에 초기 AAC 사용자들은 비전자적 도구를 사용하다가 전자적 도구로 넘어가는 경우가 많다. 또한 비전자적 도구는 AAC 프로그램 외의 게임이나 인터넷 프로그램 등 오락적인 사용이 우려되는 보호자의 아동들에게, 혹은 전자적 기기에 익숙하지 않은 고령자들에게도 많이 사용된다.

전자적 도구는 AAC 도구 자체의 컴퓨터 프로그램 사용 여부에 따라 건전지를 사용하는 간단한 녹음 도구(medium-tech devices)와 하이테크 의사소통 도구(high-tech devices)로 나뉜다. 국내에서 많이 사용하는 간단한 녹음 도구에는 토킹 버튼 등과 같은 녹음스위치나 스마트 오케이 톡톡 등이 있다. 하이테크 의사소통 도구는 기술의 개발과 더불어 그 기능이 점차 다양해지고 있으며 음성 녹음 및 합성뿐만 아니라 그림과 사진, 동영상 등을 편집할 수 있는 기능을 가지고 있다. 국내에서 개발된 하이테크 의사소통 도구는 마이토키 스마트, 키즈보이스, 보이스탭, 이지컴, 위드톡 등이 있으며, 스마트 기기에 설치할 수 있는 다양한 AAC 앱이 있다. 국내에서 많이 사용하는 iOS 및 Android 기반의 AAC 앱에는 iCOMM, My first AAC, 포켓보이스, 스마트 AAC(그림형, 문자형, 키보드), 나의 AAC, 콤마AAC, 토크프렌드, 진소리 등이 있다.

[그림 1-5] **간단한 녹음 도구(medium-tech devices)의 예**

사진 출처: http://www.hongikmall.com

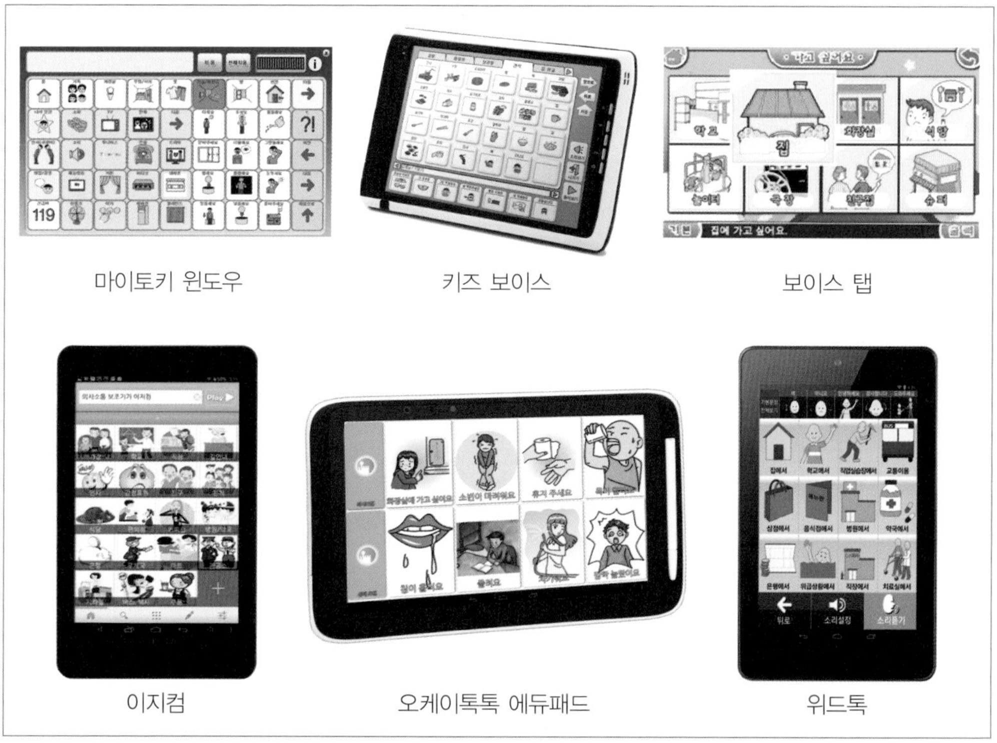

[그림 1-6] **하이테크 의사소통 도구(high-tech devices)의 예**

사진 출처: http://lpks.co.kr, http://www.goodedu.com

[그림 1-7] AAC 어플리케이션의 예

(3) 기법

의사소통 기법(techniques)은 의사소통 상대자에게 의사소통 내용을 전달하는 방법을 말한다. 의사소통 기법에는 크게 상징을 직접 선택하는 방법과 간접적으로 선택하는 훑기 방법(스캐닝)이 있다.

직접 선택은 손을 이용한 직접 선택이 많이 이루어지고 있다. 만약 손을 사용하여 직접 선택하기 어려운 경우, 일관성 있게 의도적으로 움직일 수 있는 신체 부위를 찾아내고 AAC 사용자가 해당 신체 부위를 사용해 직접 선택할 수 있도록 한다. 필요한 경우, 보조도구(예: 헤드포인터, 헤드스틱, 포인터, 핸드그립, 마우스스틱, 특수키보드, 특수마우스 등)를 사용해 직접 선택을 효율적으로 가능하게 할 수도 있다.

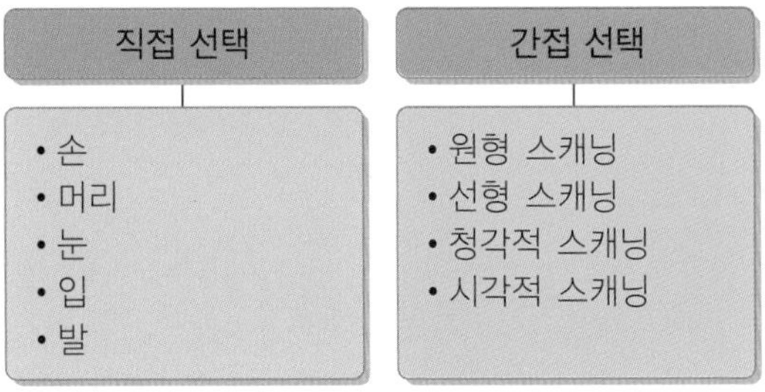

[그림 1-8] 직접 선택, 간접 선택의 예

직접 선택이 어려운 경우에는 훑기(scanning, 스캐닝)를 사용하여야 한다. 훑기는 대화 상대자나 AAC 기기가 셀이나 칸을 하나씩 스캐닝해 주면 AAC 사용자가 원하는 어휘가 스캐닝될 때까지 기다렸다가 선택하는 것이다. 훑기는 세로 및 가로 줄을 따라 갈 수도 있고(선형 스캐닝) 시계 방향처럼 원을 따라 갈 수도 있다(원형 스캐닝). 또한 말로 읽어 나갈 수도 있고(청각적 스캐닝) 마우스나 불빛으로 훑어 갈 수도 있다(시각적 스캐닝). 훑기를 위해서는 AAC 사용자가 어떤 신체 부위를 사용하

헤드마우스익스트림 | 조절가능헤드포인터 | 아이캔

발 마우스 | 인테그라 마우스피스 | 조우스II

eye tracker(Tobii explore)

[그림 1-9] **직접 선택 및 간접 선택을 위한 보조도구의 예**

사진 출처: http://www.orin.com, http://www.ablelife.co.kr, http://www.eyecanproject.org, http://www.enablemart.com, http://www.at4u.or.kr

여 선택할 수 있는지 평가해야 한다. 훑기 전략과 상징배열을 위해서는 스위치 활성화 능력, 스위치를 누르고 유지할 수 있는 능력, 스위치를 누르고 떼는 정확도, 원하는 상징이 나타날 때 기다릴 수 있는 능력 등을 평가해야 한다.

(4) 전략

전략(strategies)이란 AAC 사용자의 의사소통을 촉진시키는 방법들을 말한다. AAC를 사용하는 경우에는 구어를 사용하는 경우보다 의사소통 속도가 상대적으로 느리기 때문에 속도 향상 및 효율성 증진을 위해 다양한 전략(예: 색깔 부호화, 단어 및 문장 예측 등)을 활용하고 있다.

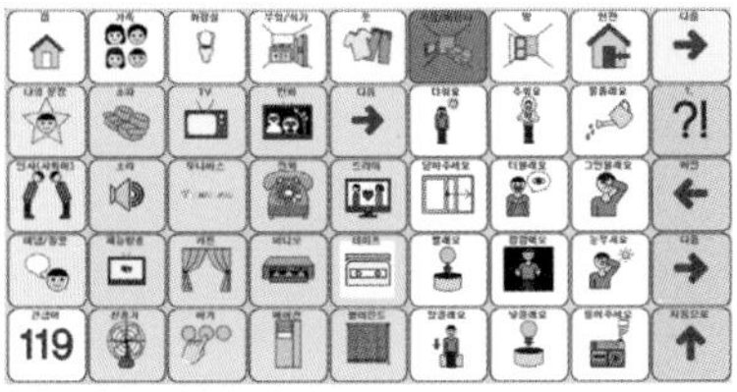

색깔 부호화의 예(마이토키 스마트)

단어 및 문장 예측의 예
(이지컴)

사용 빈도별 문장 리스트의 예
(진소리)

[그림 1-10] AAC 전략 사용의 예

3) AAC 평가 및 중재

(1) AAC 평가 및 중재의 기본 원칙

① AAC 평가의 기본 원칙

AAC 평가의 기본 원칙은 다음과 같다.

- 모든 사람이 의사소통할 수 있다는 전제를 기반으로 해야 한다.
- 언어치료사, 일반교사, 특수교사, 보호자 등 AAC 사용자와 관련된 모든 사람이 가능한 한 협력

해야 한다.
- AAC 사용자의 일상생활 환경 내 정보를 포함한 포괄적인 평가를 해야 한다.
- AAC 평가는 참여모델(participation model)을 기반으로 해야 한다. 참여모델이란 생활연령이 같은 일반 또래가 참여하는 수준으로 활동과 환경에 참여시키고자 하는 것을 말한다(Beukelman & Mirenda, 2008).
- AAC 사용자의 강점과 특별한 능력을 찾아내어 현재와 미래를 위한 의사소통 요구를 파악해야 한다.

② AAC 중재의 기본 원칙

AAC 중재의 기본 원칙은 다음과 같다.

- AAC 중재에서는 AAC 사용자의 생활에서 우선적으로 필요한 언어 및 의사소통 기술을 가르치는 기능적인 접근법을 사용한다.
- 언어 및 의사소통 목표는 아동이 일상생활 속에서 사용할 가능성이 높은 것으로 설정하여 기능적으로 AAC를 사용하도록 해야 한다. AAC를 기능적으로 사용한다는 것은 매일의 활동에서 자신의 요구나 생각, 사회적인 정보 등을 표현하는 것으로, AAC의 기능적 사용에 대한 예시는 다음과 같다.
  - 음식 더 달라고 요구하기
  - 새로운 사람에게 자신의 정보(이름, 나이, 직업, 사는 곳 등) 제공하기
  - 상대방 칭찬하기
  - 도움 요청하기
  - 다른 감정에 대해 묻기
  - 불만사항 이야기하기
  - 질문에 대답하기

AAC 연구자들은 AAC 중재를 통해 기능적인 효과를 도출하기 위해서 다음과 같은 고려사항을 제안하였다(Mirenda, Iacono, & Williams, 1990; Rainforth, York & Macdonald, 1992).

- AAC 중재 시 건강하고 활력 있는 상태를 유지해야 한다. AAC 사용자에 따라 의사소통 시 신

체적인 돌봄이 필요한 경우가 있다. 따라서 AAC 사용자가 편안한 상태인지, 약물이 필요한지, 사용자의 상태에 대해 의사와 상담을 해야 하는지 살펴보아야 한다.

- AAC 사용자의 환경에서 현재뿐만 아니라 미래에도 참여를 증가시킬 수 있도록 해야 한다.
- AAC 사용자가 학생일 경우 일반학교 상황에 참여하도록 하기 위해 학생들의 능력을 증가시키는 데 초점을 맞춰야 한다. 또한 성인일 경우 직업 상황과 같은 다양한 환경에서 의사소통할 수 있도록 중재의 목표를 설정하도록 한다.
- AAC 중재를 통해 사회적 통합을 증가시키도록 한다.

(2) 국내의 AAC 평가 및 중재 매뉴얼

현재 국내에서 사용되고 있는 AAC 사용자를 위한 평가나 중재 프로그램은 아직 기초 단계로, 그 적용이 제한적이다. 참고할 수 있는 문헌으로는 다음과 같은 것이 있다.

- 파라다이스 보완대체의사소통 기초능력 평가(Paradise AAC Assessment: PAA; 박은혜, 김영태, 김정연, 2008): 언어치료사나 교사가 AAC 사용자의 운동, 의사소통, 인지 능력을 평가하기 위해 고안된 것으로 AAC의 이론적 기초, 평가 도구 소개, 구체적 평가 방법, 평가 처리 및 사례로 구성되어 있다.
- 보완대체의사소통 보조기구 적용 및 활용 매뉴얼(경기도보조기구북부센터): AAC 개요, 보조공학서비스, AAC 보조공학서비스, AAC 중재, AAC 보조기구 및 활용 사례로 구성되어 있다.

2. KAA 및 KAI 매뉴얼 개관

1) KAA 및 KAI 매뉴얼의 목적 및 내용

(1) KAA 및 KAI 매뉴얼의 목적

한국 보완대체의사소통 평가(Korean AAC Assessment: KAA) 및 한국 보완대체의사소통 중재(Korean AAC Intervention: KAI) 매뉴얼은 다양한 원인으로 인해 구어(말) 표현에 어려움이 있는 사람들의 감각 및 운동 능력, 언어 및 의사소통 능력, 인지 능력을 체계적으로 평가 및 중재하여 적절한 AAC 서비스를 제공하기 위하여 고안되었으며, 다음과 같은 목적으로 사용할 수 있다.

- AAC 사용자의 의사소통 능력 수준에 따른 단계를 제시한다.
- AAC 사용자의 감각 및 운동 능력에 대한 정보를 제공하여 AAC 체계 및 의사소통판의 개수, 보조기기 사용 여부 등을 결정하는 데 활용한다.
- AAC 사용자의 언어 및 인지 능력에 대한 정보를 제공하여 AAC 체계 및 상징 유형을 선택하는 데 활용한다.
- AAC 사용자의 환경 어휘에 대한 정보를 제공한다.
- AAC 체계의 적합성 평가를 위해 활용한다.
- AAC 사용자에게 중재를 실시하기 위한 일련의 절차를 제시한다.
- AAC 사용자의 의사소통 능력 수준에 따른 중재 목표 및 방법을 제시한다.
- AAC 사용자의 연령 및 환경에 적합한 중재 목표 및 방법을 제시한다.
- AAC 사용자의 중재 효과를 점검하고 추후 관리를 위한 방법을 제시한다.

(2) KAA 및 KAI 매뉴얼의 내용

KAA와 KAI는 구어(말)로 표현하는 데 제한이 있거나 제한될 가능성이 있는 유아 및 아동, 성인들을 대상으로 한다. 매뉴얼 수행 절차는 AAC 팀을 구성하는 것으로 시작한다. AAC 팀을 구성한 후에 초기 면담을 실시하고, 언어 및 의사소통 능력 평가 후 AAC 사용자의 의사소통 단계를 설정한다. AAC 사용자의 의사소통 단계가 설정되면 각 의사소통 단계별 세부 평가와 도구 평가(feature matching)를 실시하여 적합한 AAC 도구를 선정하게 된다. AAC 도구 선정 후에는 AAC 중재 환경과 중재 목표를 설정하고 AAC 사용자 및 대화 상대자를 중재하게 된다. 중재 후에는 추후평가를 실시

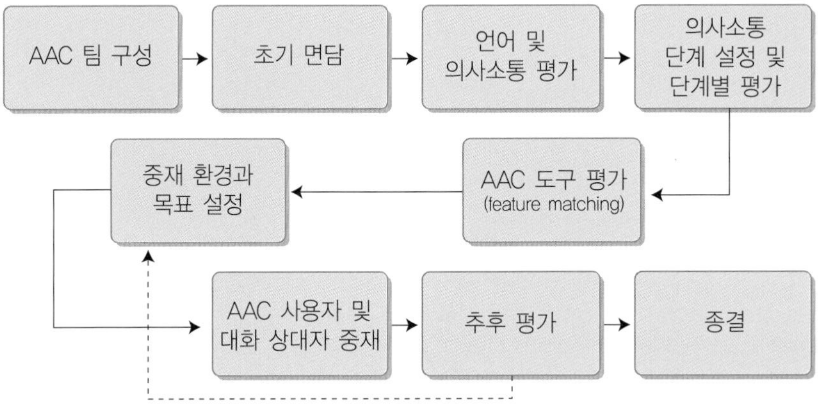

[그림 1-11] KAA 및 KAI 절차

하여 AAC 중재 목표를 재설정하거나 치료를 종결할 수 있다.

2) KAA 및 KAI 매뉴얼의 제작 과정

(1) 초안 개발

한국 보완대체의사소통 평가(KAA)는 AAC 사용자가 적절한 AAC 서비스를 받도록 하기 위해 고안된 것이므로 AAC 사용자의 다양한 능력을 평가할 수 있는 문항들로 구성되어 있다. KAA는 Communication Matrix(Rowland, 2004), 의사소통 능력 발달단계(Bates, 1974), Dynavox의 InterAACt 등을 참고하여 국내 AAC 환경에 적합하게 제작되었으며, AAC 사용자의 의사소통 단계를 설정하여 적절한 평가 및 중재를 할 수 있도록 제작되었다. KAA는 AAC 사용 자세, 선택 방법, 의사소통판의 구성, 보조도구 필요 여부 등을 파악하기 위해 감각 및 운동 능력 평가를 포함하였다. 감각 및 운동 능력 평가는 보조공학 관련 검사도구들(예: WATI Assistive Technology Assessment, 2004)을 참고하여 문항을 만들었다. AAC 사용자의 상징 유형 및 어휘를 결정하기 위한 상징 유형 및 개수, 의사소통판 유형 평가는 Communication Matrix(Rowland, 2004) 및 Test of Aided Communication Symbol Performance(Bruno, 2006)를 참고로 하여 제작되었다. KAA 및 KAI는 AAC 사용자는 의사소통 환경 및 대화 상대자에 따라 의사소통 방법이 다르다는 것을 전제로 하는 Social Network Model (Blackstone & Berg, 2003)을 기반으로 제작되었다.

(2) 1차 제작 과정

AAC 평가 및 중재 매뉴얼의 초안을 개발한 후, 언어치료, 특수교육, 보조공학 관련 교수 및 임상 현장에 있는 전문가들로부터 피드백을 받아 1차 제작을 실시하였다. 각 전문가에게 제작한 초안을 제공하고 피드백을 받은 후, AAC 평가 문항 및 중재 내용을 보완하였다.

(3) 2차 제작 과정

2차 제작 과정에서는 1차 제작 과정 결과를 기초로 수정 · 보완하여 재작성한 평가 및 중재 매뉴얼을 연령별(아동, 성인), 장애 유형별(자폐범주성장애, 지적장애, 지체장애 등), 환경별(가정, 어린이집, 유치원, 학교)로 적용해 본 후 다시 그 내용을 보완하였다. 최종 항목 및 평가의 예는 다음 〈표 1-1〉과 같다.

〈표 1-1〉 AAC 사용자의 능력에 따라 평가하는 항목들의 예

영역	평가 내용	평가의 예
운동 능력	AAC 사용 자세, 선택 방법	• AAC 사용 자세: AAC 사용에 적합한 자세 평가 등 • 선택 방법: 직접 선택이 가능한 신체 부위 및 스캐닝 방법 평가 등
언어 및 의사소통 능력	언어 능력, 의사소통 기능, 의사소통 형태	• 언어 능력: 수용언어 및 표현언어, 어휘, 구문 등 • 의사소통 기능: 요구하기, 질문하기 등 • 의사소통 형태: 발성, 제스처, 사진, 그림 등
상징 능력	상징 유형, 상징 크기 및 개수	• 상징 유형: 실제 사물, 축소형 사물, 사진, 선화, 글자 등 • 상징 크기 및 개수: 45개, 15개, 8개 등
의사소통판 유형	범주형, 구문형, 자판형	• 범주형: 음식, 학교, 집 등 • 구문형: 명사+동사 등 • 자판형: 천지인, 쿼티 등

3) KAA 및 KAI 매뉴얼의 사용 절차

효과적인 AAC 평가 및 중재를 위해서는 AAC 사용자와 관련된 전문가들 및 보호자와 팀을 이루어 AAC 사용자에게 적절한 평가를 실시하고, 중재 시에도 협력적인 관계를 통해 지속적인 중재가 이루어지도록 해야 한다.

(1) AAC 팀 구성

AAC 팀의 핵심 구성원으로는 AAC 사용자와 가족, 언어치료사, 특수교사, 보조공학사, 물리치료사, 작업치료사, 일반교사, 특수교육보조원(특수교육실무사), 사회복지사, 직업재활사가 포함될 수 있다.

〈표 1-2〉 AAC 평가 및 중재를 위한 팀 구성원의 예

구성원	역 할
보호자	• AAC 사용자의 기본 정보 및 전반적 일과 정보 제공 • AAC 사용자의 가정환경에 대한 정보 제공 • 언어치료실과 가정환경이 연계될 수 있도록 지속적인 피드백 및 정보 제공 • 가정에서의 AAC 적용
언어치료사	• AAC 사용자의 언어 및 의사소통 능력에 대한 정보 제공 • 각 환경마다 AAC 사용자 수준에 맞는 어휘 및 상징 정보 제공 • AAC 사용자의 언어 및 의사소통 능력 향상을 위해 언어 및 AAC 중재에서 주도적인 역할

특수교사	• 학교 환경에서의 의사소통 현행 수준과 목표에 대한 정보 제공 • AAC 사용자의 학교 환경에서 필요한 어휘 및 상징 정보 제공 • AAC 사용자의 학교 생활 및 수업에서의 AAC 훈련/사용 기회 파악 · 실행 • 언어치료실과 학교 환경이 연계될 수 있도록 지속적인 피드백 및 정보 제공
보조공학사	• AAC 사용자에게 적절한 보조기기 적용을 위한 평가 및 정보 제공 • AAC 사용 시 필요한 보조기기 적용 및 결과 정보 제공 • AAC 기기 대여 및 관리에 대한 정보 제공
물리치료사/ 작업치료사	• AAC 사용자의 운동 능력에 대한 AAC 사용자 평가, 자세 잡기 등의 정보 제공 • AAC 사용자의 현재 및 미래의 운동 능력에 대한 정보 제공
일반교사	• 학급 운영 및 일반교육과정에 대한 정보 제공 • 일반학급에서 보이는 학생의 강점, 요구, 특성 등에 대한 정보 파악 및 제공 • 일반학급 환경에서 필요한 어휘 및 상징 정보 제공 • 일반학급 환경에서 AAC 사용자의 AAC 중재 여부에 대한 정보 제공 • AAC 사용자의 일반학급에서의 참여도에 대한 정보 제공 • 교과 진도 및 내용에 대한 정보 제공 • 일반학급에서의 AAC 적용
특수교육보조원 (특수교육실무사)	• 학생의 학교 활동 영역에서 사용 빈도가 높고 바로 사용할 수 있는 의사소통 맥락 및 어휘 목록에 대한 정보 제공 • 학생의 학교 환경에서의 AAC 수행 및 관련 내용에 대한 정보 제공 및 AAC 적용 지도
사회복지사	• AAC 기기 지원 정보 제공 및 지원금 제공 • 주간보호센터나 그룹홈에서 AAC를 사용할 수 있도록 정보 제공
직업재활사	• 직업 환경에서 쓰는 어휘 및 상징에 대한 정보 제공 • 직업 환경에서의 작업 환경 및 작업 수행 과정에 대한 정보 제공

(2) 초기 면담

초기 면담을 통해 AAC 사용자에 대한 기본 정보 및 발달 사항, 현재와 과거의 치료 및 교육 활동, 감각 및 운동 · 언어 능력, AAC 사용 경험 등에 대한 정보를 의사소통 상대방과의 면담을 하면서 얻을 수 있다.

(3) 언어 및 의사소통 평가

AAC 사용자의 언어 및 의사소통 능력은 공식 평가 및 AAC 사용자가 의사소통하는 환경 및 맥락에서의 관찰을 통해 평가하도록 한다.

(4) 의사소통 단계 설정 및 단계별 평가

언어 및 의사소통 평가 결과에 기초하여 AAC 사용자의 의사소통 단계를 선정하고, 각 단계별 세부 평가를 실시한다. 세부 평가에는 감각 및 운동 능력 평가, 상징이나 의사소통판, 도구와 관련된 평가들이 포함되어 있다.

(5) 사용자 특성에 맞는 의사소통 도구 평가

- 사용자와 가족, 교사로부터 얻은 평가 및 진단 정보와 의사소통 요구를 검토한 후, 이를 토대로 사용자에게 가장 적절한 의사소통 도구가 무엇인지, 어떠한 도구를 제공해야 할지, 제공되었을 때 예상되는 점들을 고려하여 가장 적합한 의사소통 도구를 선정한다.
- 이를 위해 평가자는 사용자의 요구와 특성뿐만 아니라 국내외 AAC 도구의 종류와 특성에 대해 잘 파악하고 있어야 하며, 각각의 특성에 맞는 의사소통 도구를 선정하도록 한다.

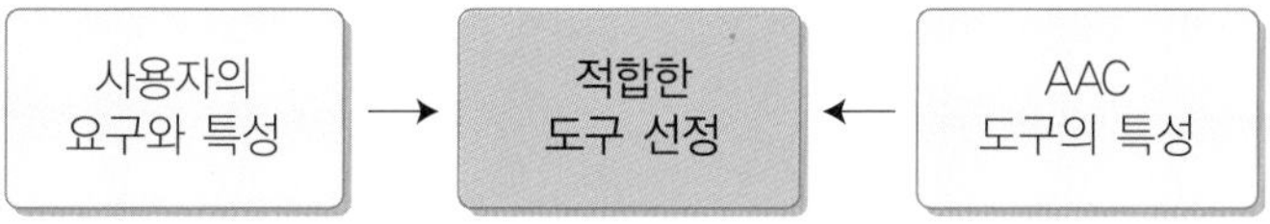

[그림 1-12] 사용자의 특성과 AAC 도구의 특성을 고려한 도구 선정

(6) 중재 환경과 목표 설정

중재 목표를 선정할 때 목표로 하는 활동에서 일반 아동이 무엇을 하는지, 그러한 활동에 필요한 기술은 무엇인지 등을 고려하여 AAC 사용자와 가족의 의사소통 요구 중 가장 우선적으로 중재가 필요한 목표를 선정하도록 한다. 이후 목표로 하는 활동이 이루어지는 환경과 영역을 살펴본 후, 활동에 필요한 어휘 목록을 선정하도록 한다.

① 중재 목표 설정

AAC 중재 목표 설정 시에는 다양한 상황에서 다양한 의사소통자와의 의사소통 성공률을 증진시키는 데 목표를 두어야 한다. 중재 목표를 설정할 때에는 다음과 같은 질문들을 고려해야 한다.

- 목표 활동에서 일반 또래들은 어떻게 참여하는가?
- AAC 사용자들은 목표 활동에서 어떻게 참여하는가?

- 이 활동에서 활동 참여 및 상호작용을 증가시키려면 어떤 기술이 필요한가?
- AAC 사용자와 돌보는 사람의 요구 및 관심사가 모두 고려되었는가?
- 중재와 목표가 현재 상황을 기초로 설정되어 있는가?
- 다양한 의사소통 형태(모드)의 접근법이 고려되고 있는가?
- 쉬운 기술과 어려운 기술이 모두 고려되었는가?

이러한 AAC 중재를 통해 기대되는 결과는 다음과 같다.

- 자신의 목표 활동을 이해하고 독립적으로 참여 및 수행한다.
- 자신의 요구와 감정을 AAC를 통하여 적절하게 표현한다.
- 활동에 필요한 어휘와 표현을 알고 적극적으로 참여한다.
- 상대방과의 대화에 자발적으로 참여한다.

AAC 중재에 대한 목표 예시를 구체적으로 살펴보면 다음 〈글상자 1-1〉과 같다.

〈글상자 1-1〉 AAC 중재 목표 예시

다음의 예시는 각 개인의 AAC 평가 수행 및 능력과 행동적으로 기술된 목표에 대한 현장 요구사항에 따라 변경될 수 있다. 또한 접근 방식 서술(예: 눈동자의 움직임, 왼쪽 또는 오른쪽 검지로 가리키기, 손 전체를 이용하여 만지기, 손 뻗기, 훑기 전환 등), 상징 위치(예: 왼쪽으로 나열, 오른쪽으로 나열, 중앙, 한쪽으로 치우친 위치) 등과 같은 특정 정보들은 각 개인의 계획에 포함되고 결정되어야 한다.

1. AAC 사용자는 치료 기간이 종료될 때까지 각 회기당 10번씩, 활동에 적절한 메시지를 표현하기 위해, 제시된 세 가지 그림 상징 중 하나를 자발적으로 가리킴으로써 언어치료사와 의사소통할 수 있으며, 이때 음성 산출이 될 수도 있고 안 될 수도 있다.
2. AAC 사용자는 하나의 활동이 종료될 때까지 각 회기당 5번씩, 사물 또는 활동 선택을 위해, 네 가지 그림 상징 배열 중 하나에 자발적으로 손을 뻗음으로써 언어치료사나 친구와 의사소통할 수 있다.
3. AAC 사용자는 각 회기당 5번씩, 네 가지 그림 상징(Cheap Talk을 이용할 때와 이용하지 않을 때) 중 하나를 자발적으로 가리킴으로써 타인과 의사소통할 수 있다. 다른 의사소통

의도는 이후에 포함될 수 있다.

4. AAC 사용자는 학기가 종료될 때까지 70%의 정확도로, 네 가지의 그림 상징이 있는 음성 산출 기기를 자발적으로 사용함으로써 의사소통 의도를 표현할 수 있고, 이를 통해 집단 활동에 참여할 수 있다.
5. AAC 사용자는 학기가 종료될 때까지 60%의 정확도로 각 회기당 5번씩, 터치 화면상의 적절한 그림을 자발적으로 만짐으로써 사물과 행위 선택을 표현할 수 있다.
6. AAC 사용자는 다중양식 의사소통 접근을 사용하여 의사소통할 수 있다. 이러한 양식에는 기본 수화, 제스처, 구어, 그림 상징 가리키기, 사물 가리키기가 포함된다. 각 치료 회기 동안 언어치료사가 제공하는 시각적 단서를 통해 AAC 사용자는 기본 수화, 제스처, 그림 가리키기, 구어(의도적 발성)를 5번씩 사용하여 메시지를 표현할 수 있다.
7. AAC 사용자는 보고 기간이 종료될 때까지 수화, 음성 산출 기기를 사용함으로써 새로운 사람 다섯 명과 치료실 밖에서 자발적으로 의사소통할 수 있으며, 총 다섯 가지의 다양한 의사소통 의도(질문 요청하기, 질문에 반응하기, 인사하기, 언급하기 등)를 표현할 수 있다.
8. AAC 사용자는 학기가 종료될 때까지 의사소통 체계를 자발적으로 사용하여 의사소통 의도를 감정 표현, 대화 개시, 인사, 거부하기, 승인하기까지 확장할 수 있다.
9. AAC 사용자는 한 활동이 종료될 때까지 교실 내 조별 활동 시간 동안에 수신호 상징 체계를 사용함으로써 자발적으로 새로운 명사 10개를 표현하여 의사소통할 수 있다.
10. AAC 사용자는 보고 기간이 종료될 때까지 교실 내 이야기 활동 시간 동안에 수신호 상징 체계를 사용함으로써 자발적으로 새로운 동사 10개를 표현하여 의사소통할 수 있다.
11. AAC 사용자는 첫 번째 활동이 종료될 때까지 각 회기당 10번씩 촉각적 단서 제공 없이 사물 선택을 함으로써 활동 선택을 표현할 수 있다.
12. AAC 사용자는 학기가 종료될 때까지 각 회기당 10번씩 단서 제공 없이 사진을 사용함으로써 활동 중에 자신의 선택을 표현할 수 있다.
13. AAC 사용자는 각 회기당 치료실 밖의 새로운 사람과 짧은 대화를 하게 되는데, 이때 세 가지의 단일 상징 메시지를 대화에서 적절하게 약 60%의 정확도로 사용한다.
14. AAC 사용자는 학기가 종료될 때까지 교실에 붙어 있는 시각스케줄의 그림 상징을 약 80%의 정확도로 가리키며 자신이 해야 할 다음 활동을 알린다.
15. AAC 사용자는 한 학기 내 약 80%의 시간 동안의 의사소통 상황에서 그림 상징과 같은 시각적 상기물을 사용하여 구어와 제스처 및 신호를 함께 시도할 수 있다.
16. AAC 사용자는 2개의 상징 조합 메시지를 표현하기 위하여 의사소통 시스템을 자발적으로 사용할 수 있는데, 이는 짧은 대화나 해야 할 일 또는 다른 활동들 사이에서 상호작용을 하기 위해서다.
17. AAC 사용자는 학기가 종료될 때까지 각 회기당 5번씩 자발적으로 구와 문장 상징 사용

및 두 가지 상징을 조합하여 자발적으로 의사소통할 수 있다.

18. AAC 사용자는 여러 가지 활동 동안 순서가 있는 두 가지 상징을 사용하여 3번의 연이은 회기에서 각 회기당 5번씩 자발적으로 의사소통할 수 있다.
19. AAC 사용자는 활동 안에서 눈 응시(eye gaze) 또는 사물 상징에 손을 뻗거나 가리키는 행동, 제스처 및 신호 또는 음성을 사용하여 학기를 마칠 때까지 한 회기당 총 30개의 메시지를 자발적으로 의사소통할 수 있다.
20. AAC 사용자는 치료 기간이 끝날 때까지 연이은 2개월간 한 회기당 15번씩 의사소통하기 위해 어떤 의도적인 신호라도 사용할 수 있다.
21. 보고 기간까지 AAC 사용자는 활동 동안 의사소통을 위해 이해하기 쉬운 5개의 제스처를 도움 없이 사용할 수 있다. 이러한 제스처에는 "예.", "더", "끝났어요.", "아니요.", "이쪽으로 오세요."가 포함된다.
22. AAC 사용자는 학기를 마칠 때까지 다섯 가지의 각각 다른 구조를 포함한 두 가지 상징 조합(예: 명사+동사, 동사+명사, 형용사+명사 등)을 사용하여 의사소통할 수 있다.
23. AAC 사용자는 신체적 촉진 없이 시청각적 훑기 방법을 통한 '예' 반응을 사용하여 사물 및 행동 선택을 연이은 두 회기에서 각 회기당 5번씩 표현할 수 있다.
24. AAC 사용자는 아이템을 밀어 놓기 위해 '아니요' 신호 그리고(또는) '아니요'가 음성으로 산출되는 장치를 눌러서 치료 기간이 끝날 때까지 하루에 5번씩 표현할 수 있다.
25. AAC 사용자는 최소의 촉진(예: 하나의 상징 또는 구어적 상기물에 대해 시각적 단서를 제공)으로 일상 활동에 참여할 때 3개의 상징 조합을 사용하여 여름이 지날 때까지 하루에 10번씩 의사소통할 수 있다.
26. AAC 사용자는 한 해가 지날 때까지 의사소통할 때마다 치료 기간의 약 80%에서 가리키기를 정확하게 사용할 수 있다.
27. 보호자는 학기를 마칠 때까지 언어치료사를 도와 가정활동을 위한 메시지 및 상징을 선택할 수 있다.
28. 언어치료사는 프로그램을 마칠 때까지 가정에서 사용할 수 있는 두 가지의 기능적인 상징체계를 개발할 수 있다. 보호자는 언어치료사와 함께 AAC 사용자가 사용할 수 있는 상징을 학습한다. 이는 두 가지의 상징체계에서 각 상징당 적어도 2번씩 가정에서의 활동 참여에 사용된다면 성공적일 것이다.
29. 보호자는 가정에도 활동을 접목시키기 위해 치료 시간에 참여할 수 있다. 학기가 마칠 때에는 보호자가 두 가지 활동에 대해서 AAC 사용자의 의사소통 참여를 촉진시키기 위해 AAC 사용자의 시스템을 효과적으로 사용할 수 있을 것이다.

출처: Quattlebaum & Nalty (1998)에서 발췌.

② 중재 환경의 고려

- AAC 사용자의 연령과 활동에 따른 중재 환경을 고려한다. 연령에 따른 중재 환경의 예시는 〈표 1-3〉에 제시되어 있다.
- 중재 환경을 선정할 때에는 AAC 사용자가 자주 사용하는 중재 환경 및 중요도에 따라 우선순위가 되는 환경을 고려한다. 또한 제한된 자원과 시간을 가지고 효율적인 중재가 이루어질 수 있는 환경을 선정하도록 한다.

〈표 1-3〉 연령에 따른 중재 환경 예시

환경 \ 연령	영유아기	초 · 중 · 고등학교 학령기	학령기 이후
가정 생활	식사 및 간식 시간, 실외 놀이, 신변처리 등 자조기술	식사 및 간식 시간, 학업 및 취미 활동, 실내외 놀이 활동	가정, 그룹홈, 독립생활에 따른 가정 생활
학업 생활	어린이집, 유치원	일반학급, 특수학급 특수학교	평생교육 시설
치료 환경	언어치료, 작업치료, 물리치료 환경	언어치료, 작업치료, 물리치료 환경	언어치료, 작업치료, 물리치료 환경
지역사회	대중교통, 음식점, 공공시설, 여가 활동, 문화체험 활동	대중교통, 음식점, 공공시설, 여가 활동, 문화체험 활동	직업 활동, 여가 활동, 주간 프로그램, 공공시설, 대중교통, 쇼핑, 음식점

③ 하위 영역과 활동의 고려

- AAC 사용자가 속한 환경 내에서 중재가 필요한 하위 영역과 활동을 선택한다. 예를 들어, 일반학교에 다니는 초등학생이 교과 시간에 AAC를 사용한다고 하였을 때, 중재가 요구되는 일반학급 내 교과목 시간을 선택할 수 있다. 학교와 가정 환경에서 고려할 수 있는 하위 환경과 활동의 예는 다음 〈표 1-4〉를 참고할 수 있다.

〈표 1-4〉 하위 환경과 활동의 예

환경	하위 환경	활동		
가정	거실	가족과 대화 나누기	놀이 활동	여가 활동
	부엌	식사하기	간식 먹기	요리하기
	방	학습 활동	컴퓨터 하기	놀이 및 여가 활동

학교	교실	인사하기 1:1 교수활동	자기주도적 학습 및 활동 쉬는 시간	교과 수업 활동 놀이 활동
	복도	인사하기	이동하기	
	식당	줄서기	식사하기	정리하기

④ 의사소통 어휘 목록의 선정

- AAC 사용자의 중재 환경과 하위 활동이 결정되면, 그러한 활동에 필요한 어휘 목록을 만드는 것이 필요하다.
- 활동에 필요한 어휘를 수집하는 방법으로는 연령이 비슷한 비장애인의 어휘를 관찰하여 기록하거나 기존에 사용하였던 어휘 또는 다른 AAC 사용자가 사용하는 어휘를 참고할 수 있다. 또한 가족이나 보호자, 교사나 또래 학생 및 동료와의 면담을 통해 환경을 분석하거나 AAC 사용자를 직접 관찰하여 선정할 수 있다. 〈표 1-5〉는 환경 분석을 통해 어휘 목록을 수집한 예를 보여 준다.

〈표 1-5〉 환경 분석을 통한 어휘 목록 수집의 예

구 분	내 용
1. 의사소통 환경	교실 및 식당
2. 하위 영역과 활동	간식 및 급식 시간
3. 의사소통 상대방	급식 조리원, 또래 친구, 교사
4. 현재 사용되는 의사표현들	1) 구어적 의사표현 밥, 물, 빵, 응, 쉬, 주세요.
	2) 비구어적 의사표현 싫어요: 손을 젓는다. 도와주세요: 두 손을 들고 몸을 흔든다. 힘들어요: 바닥에 주저앉는다.
	3) 부적절한 의사소통으로 인한 문제 행동 자신의 의견이 다른 사람에게 전달되지 않을 때에는 손가락을 가리키면서 요구를 하지만, 욕구 충족이 되지 않을 때에는 소리를 지르고 때로는 물건을 던진다.
5. 활동 시 필요한 어휘	도와주세요. 더 주세요. ~먹고 싶어요. 맛있어요. 싫어요. 맛없어요. 그만 먹을래요. 배불러요.

⑤ 중재 계획 세우기

- AAC 사용자를 위한 중재 계획은 중재 환경, 중재 시간, 중재자, 중재 목표와 중재 내용, 중재 도구, 중재 전략 등을 포함하도록 한다.
- AAC 중재가 실시되는 장소에 따라서 중재 목표와 내용을 계획할 때 고려해야 할 사항이 다를 수 있다.
- 의사소통을 촉진하기 위해서는 학생이 의사를 표현하고 상대방과 상호작용하고자 하는 동기를 유발할 수 있도록 환경을 조성하는 것이 우선적으로 필요하다. 이 외에도 시간 지연하기, 메시지 확인하기, 시범보이기 등과 같은 전략을 사용할 수 있다.

(7) 중재

개별적인 요구와 필요에 적합한 중재 계획이 세워지면 이를 실행하도록 한다. AAC 사용자를 위한 중재 내용으로는 사용할 AAC에 대해 소개하고, 활동에 사용될 상징과 어휘 및 의사소통 기술을 익히며, 활동에 참여할 수 있는 방법들을 제시한다. 또한 AAC 사용자의 의사소통을 증진시키기 위해서는 사용자가 생활하고 있는 환경 내 주변 사람들의 역할이 중요하며, 가정과의 연계를 위하여 보호자와 형제자매가 대화 상대자로 참여하는 것도 고려해야 한다.

(8) 평가

중재 평가를 실시하여 처음에 세웠던 중재 목표가 적절하게 수행되었는지 파악하도록 하며, 그렇지 못할 경우 중재 계획을 다시 세워 중재하도록 한다. 또한 AAC 사용자의 필요나 상황에 따라 추후 관리가 이루어져야 한다.

한국 보완대체의사소통 평가 매뉴얼(KAA)

2장

1. 초기 면담

초기 면담은 〈부록 1〉부터 〈부록 5〉에 제시한 면담지를 활용한다. 면담을 통해 AAC 사용자의 기본 정보 및 여러 가지 능력 파악, 일상 활동과 일정, 환경에 따른 어휘, 선호도 등을 파악할 수 있다. 초기 면담지를 통해 AAC 사용자에 대한 기본 정보 및 발달 사항, 현재와 과거의 치료 및 교육 활동, 감각 및 운동 · 언어 능력, AAC 사용 경험 등에 대한 정보를 대화 상대자와 면담을 하면서 얻을 수 있다. 일상 활동, 환경 및 어휘 조사는 AAC 사용자가 일상생활에서의 어떠한 환경에서 의사소통하는지, 누구와 의사소통하는지를 파악하고 환경에 따른 어휘를 조사하여 목록을 만든다. 선호도 조사는 AAC 사용자가 선호하는 것들을 파악하여 평가 및 중재 시 활용한다. 초기 면담의 구체적인 내용 및 목적은 다음과 같다.

1) 초기 면담지

- 목적: 대화 상대자(보호자, 양육자, 교사 등)와 면담을 하여 AAC 사용자의 배경 정보, 감각 및 운동 능력, 의사소통 기능과 형태, AAC 경험 여부 등을 파악하기 위함이다.
- 방법: 대화 상대자와 면담을 하면서 초기 면담지에 기록한다. 초기 면담지(아동용: 〈부록 1〉, 성인용: 〈부록 2〉) 작성 방법은 다음과 같다.

아동용 AAC 초기 면담지(〈부록 1〉) 작성 방법

아동용 AAC 초기 면담지

1. 기본 정보

면담자는 AAC 사용자의 기초 정보를 다음과 같은 방법으로 수집한다.

- **성명**: 이름을 기입한다.
- **성별**: 남자 또는 여자를 선택하여 ✓ 표기한다.
- **생년월일**: 태어난 년도, 월, 일을 기입한다.

- **연령**: 연령을 기입한다.
- **주소**: 현재 거주하고 있는 집 주소를 기입한다.
- **전화번호 및 이메일**: AAC 사용자의 현재 핸드폰 번호나 보호자의 핸드폰 번호 및 이메일을 기입한다.
- **작성자(정보 제공자)**: '아동용 AAC 초기 면담지'를 작성한 사람의 이름을 기입한다. 만약 치료사가 면담을 통해 작성했을 경우, 정보 제공자의 이름을 기입한다.
- **장애 진단명**: 현재 진단을 받은 장애명을 기입한다.
- **진단 날짜 및 진단 연령**: 장애 진단을 받은 날짜 및 연령을 기입한다.
- **등급**: 장애 진단 등급을 기입한다.
- **현재 사용 보조도구**: 현재 사용하고 있는 보조도구명을 기입한다. 필요에 따라 보조도구를 언제, 어디서, 어떻게 사용하고 있는지 기입한다.
- **경제 사항**: 건강보험, 수급권자, 차상위, 본인 의료급여, 바우처 등 해당 사항에 ✓ 표기한다.
- **AAC 수급 방법**: AAC 사용자가 과거 및 현재 AAC를 사용하고 있을 경우, AAC를 구입한 방법을 '과거 및 현재 사용 내용'에 기입한다. 향후 AAC를 사용할 경우, AAC 기기를 구입할 방법에 ✓ 표기한다. 자비로 구입할지, 대여를 할지, 외부 지원 사업을 통해 구입할지, 공적급여(예: 장애인고용공단 보조공학 지원 사업, 보건복지부 장애인 보조기구 교부 사업, 한국정보화진흥원 정보통신보조기기 보급 사업 등)로 받을지 기입한다.
- **소속**: 과거 및 현재 소속되어 있거나 향후 소속될 기관에 ✓ 표기하고 소속명도 같이 기입한다.
- **활용 장소**: 과거 및 현재 AAC를 사용한 환경이나 앞으로 AAC 활용을 원하는 장소(가정, 어린이집 및 유치원, 학교, 지역사회, 치료실, 기타)를 ✓ 표기하고 구체적인 장소명이나 특징적인 내용을 기입한다.

2. 가족 및 인적자원

- **가족**: AAC 사용자의 가족 구성원 이름, 관계, 연령, 직업, 동거 여부, 특이사항을 기입한다.
- **인적자원**: 지속적으로 AAC를 사용할 수 있도록 도와줄 수 있는 사람들의 이름, 관계, 연령, 직업, 동거 여부, 특이사항을 기입한다.

3. 교육 활동 및 치료 지원

1) 교육 활동

(1) 학령전기

① **어린이집 및 유치원 교육**: 어린이집 및 유치원에 다녔거나 다니고 있을 경우, 유치원 및 어린이집 교육 유무에 ✓ 표기한다. 시작 시기와 기관명을 기입한다.

② **어린이집 및 유치원 유형**: 어린이집 및 유치원 유형이 특수학급인지 일반학급인지에 ✓ 표기한

다. 일반학급일 경우 완전통합반인지 부분통합반인지, 분리학급인지에 ✓ 표기한다.

③ **어린이집 및 유치원 평가 자료**: 어린이집 및 유치원에서 IEP나 일과적응 평가를 작성하는지 여부에 ✓ 표기한다.

④ **친구 관계**: 어린이집 및 유치원에서 친구 관계가 아주 좋은지 보통인지, 어려움이 있는지에 ✓ 표기한다. 특이사항(예: 친한 친구 이름, 짝꿍 이름 등)이 있다면 기록한다.

⑤ **기타**: 기타 특이사항이 있을 경우 기입한다.

(2) 학령기

① **학교 입학 연령**: 학교 입학 연령과 현재 학년을 기입한다.

② **학교 유형**: 일반학교에 다니는지 특수학교에 다니는지에 ✓ 표기한다. 일반학교에 다닐 경우, 일반학급에 있는지 특수학급에 있는지에 ✓ 표기한다. 부분적으로 일반학급과 특수학급에 있을 경우, 어떤 수업 시간에 일반학급에 있는지 혹은 특수학급에 있는지를 기입하고 보조교사 유무에도 ✓ 표기한다.

③ **친구 관계**: 학교 상황에서 친구 관계가 아주 좋은지 보통인지, 어려움이 있는지에 ✓ 표기한다. 특이사항(예: 친한 친구 이름, 짝꿍 이름 등)이 있다면 기록한다.

④ **수업 태도**: 수업 참여도가 아주 좋은지 보통인지, 어려운지에 ✓ 표기한다. 특이사항(예: 어려운 과제가 주어졌을 때나 과제를 회피하고 싶을 때 보이는 특징적인 행동 등)이 있다면 기록한다.

⑤ **수업 참여도**: 수업 시간에 얼마나 참여할 수 있는지에 ✓ 표기한다. 특이사항(예: 참여도가 높은 수업, 참여도가 낮은 수업, 참여도가 낮을 경우의 이유, 참여하지 않을 경우에 하는 회피 및 거부 행동 등)이 있다면 기록한다.

2) 치료 지원

현재 아동이 받고 있는 치료에 대해 기간, 기관명, 치료 내용(예: 언어치료, 작업치료 등), 특이사항을 기록한다.

4. 감각 및 운동 능력

1) 감각

- **시각 문제**: 시각 문제가 있을 경우 ✓ 표기한다. 또한 눈 응시 가능 여부도 ✓ 표기한다. 시각 관련 특이한 사항이 있을 경우 [ ] 안에 기입한다.
- **청각 문제**: 청각 문제가 있을 경우 ✓ 표기한다. 청각 관련 특이한 사항이 있을 경우 [ ] 안에 기입한다.

2) 운동

- **가장 편하게 취할 수 있는 자세**: AAC 사용자가 가장 편하게 취할 수 있는 자세(예: 눕기, 옆으로 눕기, 엎드리기, 서기)에 표기한다.

- **앉기**: AAC를 사용하기 위한 기본 자세인 독립적 앉기 유지 여부에 ✓ 표기한다. 독립적 앉기 유지가 가능할 경우 '예'에 ✓ 표기한다. 독립적 앉기 유지가 어려울 경우 '아니요'에 ✓ 표기한다.
- **걷기**: 독립적 걷기 여부에 ✓ 표기한다. 독립적인 걷기가 가능할 경우 '예'에 ✓ 표기한다. 독립적인 걷기가 어려울 경우 '아니요'에 ✓ 표기한다.
- **손, 팔 사용**: 현재 손(오른손, 왼손, 양손)잡이에 ✓ 표기한다. 사물을 잡으려고 손을 뻗을 수 있는지, 사물을 쥘 수 있는지, 손가락으로 지적하기나 누르기가 가능한지 여부에 ✓ 표기한다. 복수 응답이 가능하며 특이사항이 있다면 기록한다.
- **독립적인 움직임이 가능한 신체 부위**: 독립적인 움직임이 가능한 신체 부위에 ✓ 표기한다.

5. 말 · 언어 · 의사소통 능력

1) 의사소통 이해 능력

- **억양(톤)**: AAC 사용자의 억양(톤) 이해 여부를 '가능 여부'에 'O/X'로 표기하고 억양(톤)을 이해할 경우, 예시를 기입한다.
- **제스처**: AAC 사용자의 제스처 이해 여부를 '가능 여부'에 'O/X'로 표기하고 제스처를 이해할 경우, 예시를 기입한다.
- **문장**: AAC 사용자의 문장 이해 여부를 '가능 여부'에 'O/X'로 표기하고 문장을 이해할 경우, 예시를 기입한다.
- **이야기**: AAC 사용자의 이야기 이해 여부를 '가능 여부'에 'O/X'로 표기하고 이야기를 이해할 경우, 예시를 기입한다.

2) 의사소통 표현 능력

AAC 사용자가 현재 어떠한 방법(발성, 몸짓, 표정, 눈빛 및 시선, 그림 및 사진, 글자, 단어 수준의 말, 문장 수준의 말)으로 의사소통하는지, 그것의 기능(물건 요구, 행동 요구, 선택, 부정 및 거부, 수긍, 기분 및 감정, 부르기, 인사, 질문, 설명)은 무엇인지에 ✓ 표기한다.

3) 말명료도: 익숙한 사람이나 낯선 사람과 단어나 문장으로 표현할 경우 알아들을 수 있는 정도를 기입한다.

4) 기타: 언어평가 등 결과가 있을 경우 기입한다.

6. 보완대체의사소통(AAC) 경험

1) AAC 사용 여부

AAC를 과거 및 현재 사용했을 경우에 '예'에 ✓ 표기하고, 사용한 적이 없을 경우에는 '아니요'에 ✓ 표기한다.

2) 과거 및 현재 AAC 도구 및 상징

과거나 현재 사용하고 있는 AAC 도구는 무엇이고 상징은 무엇인지 기입한다. 만약 의사소통판, 의사소통책, 의사소통 목걸이와 같은 도구를 사용하고 있을 경우에는 비전자적 도구(no tech/low tech devices)에 기입한다. 스마트 오케이 톡톡, 녹음 스위치와 같은 도구를 사용할 경우에는 간단한 녹음 도구(medium-tech devices)에 기입하고, 키즈보이스, 위드톡, 스마트 기기의 AAC 애플리케이션을 사용했거나 사용하고 있을 경우 하이테크 의사소통 도구(high-tech devices)에 기입한다. 복수 기입이 가능하며, 각 도구의 적용 시기(날짜 및 연령), 적용 환경(예: 가정, 학교 등), 도구 형태(예: 의사소통책, 의사소통판, 목걸이형, 팔찌형)에 ✓ 표기하고 상징 형태(사진, 그림, 사물, 글자, 기타)에 ✓ 표기한다. 도구 형태 및 상징 형태에 ✓ 표기할 때는 복수 응답이 가능하며, 특이사항을 기입한다. 상징 크기(예: 3cm×3cm, 5cm×5cm 등), 상징 수(예: A4 용지 한 장에 8개 등), 보조도구(AAC를 사용할 때 필요했던 도구)를 기입한다. 만족도는 '매우 만족, 만족, 그저 그렇다, 불만족, 매우 불만족'에 ✓ 표기하고 이유를 기입한다.

성인용 AAC 초기 면담지(〈부록 2〉) 작성 방법

성인용 AAC 초기 면담지

1. 기본 정보

면담자는 AAC 사용자의 기초 정보를 다음과 같은 방법으로 수집한다.

- **성명**: 이름을 기입한다.
- **성별**: 남자 또는 여자를 선택하여 ✓ 표기한다.
- **생년월일**: 태어난 년도, 월, 일을 기입한다.
- **연령**: 만 연령을 기입한다.
- **주소**: 현재 거주하고 있는 집 주소를 기입한다.
- **전화번호 및 이메일**: 현재 사용하고 있는 AAC 사용자의 핸드폰 번호나 보호자의 핸드폰 번호 및 현재 사용하고 있는 AAC 사용자의 이메일이나 보호자의 이메일을 기입한다.
- **작성자(정보 제공자)**: '성인용 AAC 초기 면담지'를 작성한 사람의 이름을 기입한다. 만약 치료사가 면담을 통해 작성했을 경우, 정보 제공자의 이름을 기입한다.
- **장애 진단명**: 현재 진단을 받은 장애명을 기입한다.
- **진단 날짜 및 진단 연령**: 장애 진단을 받은 날짜 및 연령을 기입한다.
- **등급**: 장애 진단 등급을 기입한다.

- **현재 사용 보조도구**: 현재 사용하고 있는 보조도구명을 기입한다. 필요에 따라 보조도구를 언제, 어디서, 어떻게 사용하고 있는지 기입한다.
- **경제 사항**: 건강보험, 수급권자, 차상위, 본인 의료급여, 바우처 등 해당 사항에 ✓ 표기한다.
- **수급 방법**: AAC 사용자가 과거 및 현재 AAC를 사용하고 있을 경우, AAC를 구입한 방법을 '과거 및 현재 사용 내용'에 기입한다. 향후 AAC를 사용할 경우, AAC 기기를 구입할 방법에 ✓ 표기한다. 자비로 구입할지, 대여를 할지, 외부 지원 사업을 통해 구입할지, 공적급여(예: 장애인고용공단 보조공학 지원 사업, 보건복지부 장애인 보조기구 교부 사업, 한국정보화진흥원 정보통신 보조기기 보급 사업 등)로 받을지 기입한다.
- **소속**: 과거 및 현재 소속되어 있거나 향후 소속될 기관에 ✓ 표기하고 소속명도 같이 기입한다.
- **활용 장소**: 과거 및 현재 AAC를 사용한 환경이나 앞으로 AAC 활용을 원하는 장소(가정, 지역사회, 치료실, 주간보호센터, 병원, 기타)에 ✓ 표기하고 구체적인 장소명이나 특징적인 내용을 기입한다.

2. 가족 및 인적자원

- **가족**: AAC 사용자의 가족 구성원 이름, 관계, 연령, 직업, 동거 여부, 특이사항을 기입한다.
- **인적자원**: 지속적으로 AAC를 사용할 수 있도록 도와줄 수 있는 사람들의 이름, 관계, 연령, 직업, 동거 여부, 특이사항을 기입한다.

3. 교육 활동 및 치료 지원

1) 교육 활동

(1) **최종 학교 졸업 연령**: 최종 학교 졸업 연령을 기입한다.

(2) **최종 학력**: AAC 사용자의 최종 학력에 ✓ 표기한다.

2) 치료 지원

현재 받고 있는 치료에 대해 기간, 기관명, 치료 내용(예: 언어치료, 작업치료 등), 특이사항을 기록한다.

4. 직업 및 여가 활동

1) 직업

- **현재 직업, 직장, 직위**: 직업이 있을 경우, 현재 직업명과 직장명, 직위를 기입한다.
- **담당 부서 및 작업 내용**: 직장 내에서 속해 있는 담당 부서 및 어떤 일을 하고 있는지 작업 내용을 구체적으로 기술한다.
- **기타**: 그 외의 직업 상황에서 AAC와 관련된 중요한 내용이 있다면 기입한다.

2) 여가 활동

- **자주 가는 장소**: 여가 시간이 있을 경우 자주 가는 장소를 기입한다.
- **주로 하는 활동**: 여가 시간에 주로 하는 활동들을 기입한다.
- **기타**: 그 외 여가 시간 및 AAC와 관련된 중요한 내용이 있다면 기입한다.

5. 감각 및 운동 능력

1) 감각

- **시각 문제**: 시각 문제가 있을 경우 ✓ 표기한다. 또한 눈 응시 가능 여부도 ✓ 표기한다. 시각 관련 특이한 사항이 있을 경우 [ ] 안에 기입한다.
- **청각 문제**: 청각 문제가 있을 경우 ✓ 표기한다. 청각 관련 특이한 사항이 있을 경우 [ ] 안에 기입한다.

2) 운동

- **가장 편하게 취할 수 있는 자세**: AAC 사용자가 가장 편하게 취할 수 있는 자세(예: 눕기, 옆으로 눕기, 엎드리기, 서기)가 무엇인지 물어보고 해당 사항에 ✓ 표기한다. 복수 응답도 가능하며 환경에 따라 편한 자세가 다를 경우 등과 같이 자세 관련 특이사항이 있을 경우 [ ] 안에 기입한다.
- **앉기**: AAC를 사용하기 위한 기본 자세인 독립적 앉기 유지 여부에 ✓ 표기한다. 독립적 앉기 유지가 가능할 경우 '예'에 ✓ 표기한다. 독립적 앉기 유지가 어려울 경우 '아니요'에 ✓ 표기한다.
- **손, 팔 사용**: 현재 손(오른손, 왼손, 양손)잡이에 ✓ 표기한다. 사물을 잡으려고 손을 뻗을 수 있는지, 사물을 쥘 수 있는지, 손가락으로 지적하기나 누르기가 가능한지 여부에 ✓ 표기한다. 복수 응답이 가능하며 특이사항이 있다면 기록한다.

6. 말 · 언어 · 의사소통 능력

1) 의사소통 이해 능력

- **억양(톤)**: AAC 사용자의 억양(톤) 이해 여부를 '가능 여부'에 'O/X'로 표기하고 억양(톤)을 이해할 경우, 이해했던 예시를 기입한다.
- **제스처**: AAC 사용자의 제스처 이해 여부를 '가능 여부'에 'O/X'로 표기하고 제스처를 이해할 경우, 이해했던 예시를 기입한다.
- **문장**: AAC 사용자의 문장 이해 여부를 '가능 여부'에 'O/X'로 표기하고 문장을 이해할 경우, 이해했던 예시를 기입한다.
- **이야기**: AAC 사용자의 이야기 이해 여부를 '가능 여부'에 'O/X'로 표기하고 이야기를 이해할 경우, 이해했던 예시를 기입한다.

2) 의사소통 표현 능력

AAC 사용자가 현재 어떠한 방법(발성, 몸짓, 표정, 눈빛/시선, 그림/사진, 글자, 단어 수준의 말, 문장 수준의 말)으로 의사소통하는지, 그것의 기능(물건 요구, 행동 요구, 선택, 부정 및 거부, 수긍, 기분 및 감정, 부르기, 인사, 질문, 설명)은 무엇인지에 ✓ 표기한다.

3) 말명료도: 익숙한 사람이나 낯선 사람과 단어나 문장으로 표현할 경우 알아들을 수 있는 정도를 기입한다.

4) 기타: 언어평가 등 결과가 있을 경우 기입한다.

7. 보완대체의사소통(AAC) 경험

1) AAC 사용 여부

AAC를 과거 및 현재 사용했을 경우에 '예'에 ✓ 표기하고, 사용한 적이 없을 경우에는 '아니요'에 ✓ 표기한다.

2) 과거 및 현재 AAC 도구 및 상징

과거나 현재 사용하고 있는 AAC 도구는 무엇이고 상징은 무엇인지 기입한다. 만약 의사소통판, 의사소통책, 의사소통 목걸이와 같은 도구를 사용하고 있을 경우에는 비전자적 도구(no tech/low tech devices)에 기입한다. 스마트 오케이 톡톡, 녹음 스위치와 같은 도구를 사용할 경우에는 간단한 녹음 도구(medium-tech devices)에 기입하고, 키즈보이스, 위드톡, 스마트 기기의 AAC 애플리케이션을 사용했거나 사용하고 있을 경우 하이테크 의사소통 도구(high-tech devices)에 기입한다. 복수 기입이 가능하며, 각 도구의 적용 시기(날짜 및 연령), 적용 환경(예: 가정, 학교 등), 도구 형태(예: 의사소통책, 의사소통판, 목걸이형, 팔찌형)에 ✓ 표기하고 상징 형태(사진, 그림, 사물, 글자, 기타)에 ✓ 표기한다. 도구 형태 및 상징 형태에 ✓ 표기할 때는 복수 응답이 가능하며, 특이사항을 기입한다. 상징 크기(예: 3×3, 5×5 등), 상징 수(예: A4 용지 한 장에 8개 등), 보조도구(AAC를 사용할 때 필요했던 도구)를 기입한다. 만족도는 '매우 만족, 만족, 그저 그렇다, 불만족, 매우 불만족'에 표기하고 이유를 기입한다.

2) AAC 환경 및 어휘 조사

AAC 사용자의 일상 활동 및 AAC 사용 환경을 분석하고, AAC가 사용될 환경에서 필요한 어휘를 체계적으로 수집해야 한다. 일상 활동에 대한 정보를 얻고 어휘를 수집하기 위해서는 〈부록 3〉의 '활동 스케줄표' 및 〈부록 4〉의 '환경 어휘 기록지'에 기입한다.

- 목적: AAC 사용자의 의사소통 환경, 대화 상대자 및 어휘를 분석하기 위함이다.
- 방법: 대화 상대자에게 활동 스케줄표(〈부록 3〉 참조)와 환경 어휘 기록지(〈부록 4〉 참조)를 제공하고 작성하게 한다. 그 작성 방법은 다음과 같다.

활동 스케줄표(〈부록 3〉)와 환경 어휘 기록지(〈부록 4〉) 작성 방법

활동 스케줄표

- 월요일부터 일요일까지 AAC 사용자의 시간과 일정을 기입한다. 각 일정 아래 칸에 장소 및 대화 상대자를 기입한다.

환경 어휘 기록지

- **날짜**: '환경 어휘 기록지'를 작성한 날짜를 기입한다.
- **AAC 사용자**: AAC 사용자의 이름을 기록한다.
- **작성자**: '환경 어휘 기록지'를 작성한 사람의 이름을 기입한다.
- **정보 제공자**: 만약 치료사가 면담을 통해 작성했을 경우, 정보 제공자의 이름을 기입한다.
- **AAC 사용 환경**: AAC를 어디서 사용할 것인지에 대한 AAC 사용 환경을 기입한다.
- **시간**: 활동 시작 시간부터 활동이 끝나는 시간까지 주요 활동 시간을 기입한다(예: 가정에서 AAC를 사용할 경우, 7시 기상 시간부터 10시 취침 시간까지 주요 활동 시간을 기입한다).
- **활동**: 활동 시작 시간부터 활동이 끝나는 시간까지 주요 활동 내용을 기입한다(예: 가정에서 AAC를 사용할 경우, 기상, 씻기, 아침식사, 운동, 취침 등을 기입한다).
- **장소 및 대화 상대자**: 각 활동이 일어나는 장소와 대화 상대자를 기입한다(예: 기상 장소는 AAC 사용자의 방, 대화 상대자는 배우자, 어머니 등이 될 수 있다).
- **AAC 사용자가 표현하고 있는 어휘 및 형태**: 각 활동 및 시간에 AAC 사용자가 현재 표현하고 있는 어휘 및 의사소통 형태를 기입한다.
- **AAC 사용자가 필요한 어휘**: 각 활동에서 AAC 사용자가 표현해야 하는, 표현하고 싶어 하는 어휘들을 기입한다(예: 기상 시간에 AAC 사용자에게 필요한 어휘는 '더 자고 싶어요.', '목말라요', '배고파요' 등이 될 수 있다).

3) 선호도 조사

- 목적: AAC 사용자가 선호하는 것들을 파악하여 평가 및 중재 시 활용하기 위함이다. AAC 중재 시 선호하는 것들을 활용하게 되면 AAC 사용자들의 동기가 유발되고 참여도가 높아진다.
- 방법: 대화 상대자와 면담을 하면서 선호도 조사 기록지(〈부록 5〉 참조)에 기록한다. 기록하면서 각 항목마다 특이한 사항은 따로 옆에 기록한다.

선호도 조사(〈부록 5〉) 작성 방법

선호도 조사

- **날짜**: '선호도 조사'를 작성한 날짜를 기입한다.
- **AAC 사용자**: AAC 사용자의 이름을 기록한다.
- **작성자**: '선호도 조사'를 작성한 사람의 이름을 기입한다.
- **정보 제공자(관계)**: 만약 치료사가 면담을 통해 작성했을 경우, 정보 제공자의 이름을 기입한다. 작성자 또는 정보 제공자와 AAC 사용자의 관계(예: 어머니, 아버지, 직장 상사 등)를 기입한다.

- **선호 활동**

– **자주 먹는 음식(좋아하는 음식)**: AAC 사용자가 자주 먹는 음식을 기입하고, 좋아하는 음식에 ○ 표기를 한다.
– **자주 사용하는 물건(좋아하는 물건)**: 자주 사용하는 물건을 기입하고, 좋아하는 물건에 ○ 표기를 한다.
– **자주하는 활동**: 시간이 있을 때 자주 하는 활동(놀이, 취미 등)을 기입한다.
– **기타**: AAC 사용자가 해당 카테고리 외에 선호하는 목록을 기입한다.

2. 언어 및 의사소통 능력 평가

AAC 사용자의 언어 및 의사소통 능력은 공식 평가를 통해서, 또는 AAC 사용자가 의사소통하는 환경 및 맥락에서 관찰을 통한 비공식 평가를 실시하여 파악할 수 있다.

1) 자연스러운 환경 및 맥락에서의 관찰

- 목적: 자연스러운 상황에서 AAC 사용자와 대화 상대자의 의사소통 행동을 관찰하여 의사소통의 기능 및 의사소통 형태를 알아보기 위함이다.
- 준비물: 선호도 조사 검사 결과지, 의사소통 행동 기록지, 필기구, 비디오카메라
- 방법: '선호도 조사'를 통해 대상자가 좋아하는 활동이나 물건을 제시하고 대화 상대자와 의사소통하는 모습을 관찰한다. 반복적인 행동 관찰 및 직접 관찰 시 놓쳐 버린 행동들을 확인하기 위해 가능하면 비디오 촬영을 권한다. 의사소통 기능과 비도구적 · 도구적 형태의 체크리스트(〈부록 6〉 참조)에 기록한다. 자연스러운 환경 및 맥락에서 관찰하고 의사소통 기능 표본을 수집할 때 '의사소통 기능과 비도구적 · 도구적 형태의 체크리스트'에 기입하도록 한다. 작성 방법은 다음과 같다.

의사소통 기능과 비도구적 · 도구적 형태의 체크리스트(〈부록 6〉) 작성 방법

의사소통 기능과 비도구적 · 도구적 형태의 체크리스트

- **대상자**: AAC 사용자의 이름을 기입한다.
- **날짜**: '의사소통 기능과 비도구적 · 도구적 형태의 체크리스트'에 기록한 날짜를 기입한다.
- **상황**: 관찰 환경(예: 식사 시간, 여가 활동 등)이나 구조화된 환경을 기입한다.
- **기록자**: 기록한 사람 이름을 기입한다.

- **비도구적 형태**

AAC 사용자는 비도구적 형태를 사용하여 의사소통할 수 있다. 비도구적 형태는 표정, 제스처, 시선, 발성, 기타로 나타날 수 있다. AAC 사용자가 사용하는 비도구적 형태에 ✓ 표기한다. 중복 표기도 가능하고 각 비도구적 형태에 어떤 의사소통 기능이 있는지에도 ✓ 표기한다.

- **표정**: AAC 사용자의 얼굴에 나타나는 표정(예: 미소, 찌푸리기, 울상짓기 등)이 있을 경우 해당 사항에 ✓ 표기하고 그 표정의 의사소통 기능(예: 수긍하기, 부정 및 거부하기, 물건 요구하기, 행동 요구하기, 기분 및 감정 표현하기, 고르기, 인사하기, 질문하기, 설명하기)에 ✓ 표기한다.
- **몸짓/제스처/수화**: AAC 사용자가 사용하는 몸짓/제스처/수화(예: 인사할 때 손 흔들기, '좋아요'를 나타내는 엄지손가락 들기 등)가 있을 경우 ✓ 표기하고 그 제스처의 의사소통 기능에 ✓ 표기한다.
- **시선**: AAC 사용자가 의사소통을 위해 시선이나 눈빛을 사용할 경우 ✓ 표기하고 그 기능에 ✓ 표기한다.
- **발성**: 의사소통을 위해 발성을 사용할 경우 ✓ 표기하고 그 기능에 ✓ 표기한다.
- **기타**: AAC 사용자가 사용하는 표정, 제스처, 시선, 발성 외의 다른 비도구적 형태가 있을 경우 기입하고 ✓ 표기한다.

• **도구적 형태**

AAC 사용자는 도구적 형태를 사용하여 의사소통할 수 있다. 도구적 형태는 구어, 사진 및 그림, 사물, 글자, 기타로 나타날 수 있다. AAC 사용자가 사용하는 도구적 형태에 ✓ 표기한다. 중복 표기도 가능하며, 각 도구적 형태에 어떤 의사소통 기능이 있는지에도 ✓ 표기한다.

- **사물**: AAC 사용자가 사물을 사용하여 표현하고 해당 표현의 의사소통 기능에 ✓ 표기한다.
- **사진 및 그림**: AAC 사용자가 사진 및 그림을 사용하여 표현하고 해당 표현의 의사소통 기능에 ✓ 표기한다.
- **글자**: AAC 사용자가 글자를 사용하여 표현하고 해당 표현의 의사소통 기능에 ✓ 표기한다.
- **구어**: AAC 사용자가 구어를 사용하여 표현하고 해당 표현의 의사소통 기능에 ✓ 표기한다.

2) 의사소통 기능 표본 수집

- 목적: 짧은 시간 동안 의사소통 행동에 대한 대표적 표본을 수집하기 위함이다.
- 방법: 환경을 구조화시켜 구체적인 의사소통 행동을 이끌어내기 위해 의사소통 기회를 의도적으로 제공한다. 이 경우에도 관찰 시와 마찬가지로 비디오 촬영을 권한다. 의사소통 기능과 비도구적 · 도구적 형태의 체크리스트(〈부록 6〉 참조)에 기록한다. EASIC(Evaluating Acqired Skills in Communication), 의사소통 및 상징행동 척도(CSBS: Communication and Symbolic Behavior Scales; Wetherby & Prizant, 2002)는 아동의 의사소통 기능 및 형태 등을 평가해 볼 수 있는 평가 도구다.

3) 언어 평가

- 목적: AAC 사용자의 언어 발달 연령을 정하기 위한 목적이 아니라, 현재 AAC 사용자가 가지고 있는 수용 및 표현 어휘, 의사소통 형태, 구문 능력을 파악하여 적절한 상징 및 어휘 항목을 선택하기 위함이다.
- 방법: 면담, 의사소통 행동 관찰 및 표본을 분석하여 얻은 결과를 바탕으로 적절한 언어 평가 도구를 선택해 실시한다. 표현 언어 평가 시 현재 AAC 사용자가 표현하고 있는 표현 형태로 최대한 표현하도록 유도한다. 감각 및 운동 능력에 어려움이 있을 경우에는 수용 및 표현 언어 평가 시 보조기기를 사용하여 평가해 볼 수 있다.

언어 평가 도구 및 방법

〈참조 검사〉

- K M-B CDI: 평가뿐만 아니라 중재 시 사용될 어휘 목록을 수집하기 위해 필요하다. 수용 어휘는 K M-B CDI 지침서대로 실시하고 표현 어휘는 표현 형태(예: 제스처, 발성, 구어, 그림, 글자)를 따로 기록한다.
- REVT: 수용어휘 검사는 지침서대로 실시하되, 필요한 경우 글자, 제스처, 스위치, 눈 응시판(eye gaze board), 스캐닝을 사용할 수 있다.

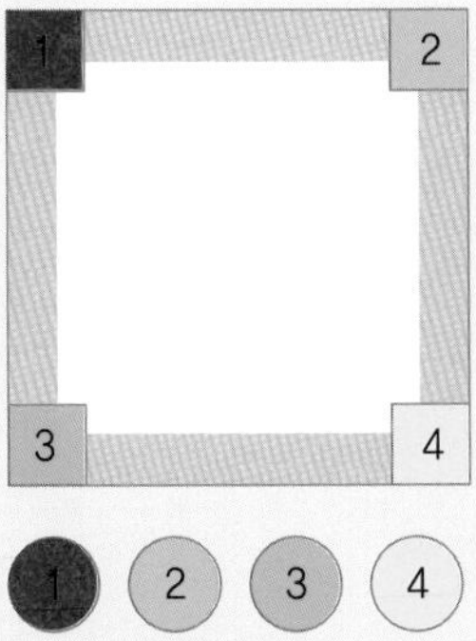

눈 응시판을 사용할 경우, 양 모서리 끝에 1, 2, 3, 4의 번호를 써서 붙여 놓은 후, 평가자가 들려 주는 단어가 무엇인지 눈 응시로 선택하게 한다. 눈 응시가 어려운 경우 치료사가 숫자를 한 개씩 손가락으로 가리키면서 스캐닝을 해 주면 AAC 사용자가 정답이라고 생각하는 숫자일 경우에 눈깜빡임, 고개 돌리기 등을 통해 선택하도록 한다.

스위치를 사용할 경우, 스위치 위에 1, 2, 3, 4의 번호를 적어 두고 선택하게 한다.

표현어휘 검사를 할 경우에는 자판, 글자판, 연필, 종이 등을 제공하고 해당 어휘를 쓰게 하거나 자판을 입력하거나 글자판을 지적하도록 할 수 있다.

〈보충 검사〉

- 구문의미 이해력 검사, 학령 전 아동의 한국어 초기 읽기 능력 프로토콜(김영태, 2014) 등 평가를 통해 구문, 읽기, 쓰기 능력을 파악할 수 있다.

3. 의사소통 단계 설정 및 단계에 따른 세부 평가

1) 의사소통 단계 설정

의사소통 단계는 1, 2, 3단계로 나뉜다. 1단계는 전의도적 의사소통자로서, 이 단계에 있는 의사소통자는 자신의 행동이 다른 사람에게 영향을 미친다는 것을 인식하지 못한다. 또한 이 단계의 의사소통자와 의사소통을 할 경우 의사소통 상대자가 의사소통자의 표정, 행동, 발성 등을 보고 해석해야 한다. 2단계는 비도구적 상징 의사소통자로서 이 단계에 있는 의사소통자는 자신의 행동이 대화 상대자에게 영향을 준다는 것을 인식하고 의도적으로 행동할 수 있다. 이러한 의도적인 행동은 보통 몸 움직임, 발성, 표정 등과 같이 비관습적인 목표지향적 행동과 손가락으로 가리키거나 원하는 것에 시선을 돌리는 등의 비도구적인 관습적 행동을 포함한다. 3단계는 도구적 상징 의사소통자로서 이 단계에 있는 의사소통자는 2단계와 마찬가지로 자신의 행동이 타인에게 영향을 줄 수 있다는 것을 인식하고 있고, 실물, 그림, 말, 글 등과 같이 구체적인 상징 및 추상적 상징으로 의사소통할 수 있다.

〈표 2-1〉 의사소통 단계별 특성 및 단계 설정 방법

1단계 (전의도적 의사소통자)	2단계 (목표지향적/비도구적 상징 의사소통자)	3단계 (도구적 상징 의사소통자)
• 자신의 행동이 의사소통 상대자에게 영향을 미치는지 인식하지 못함. • 주로 표정, 발성, 시선 등 비도구적인 행동으로 표현함. • 의사소통 상대자가 의사소통자의 행동을 해석해야 함.	• 자신의 행동이 의사소통 상대자에게 영향을 미치는지 인식함. • 표정, 발성, 시선 등 비도구적인 행동으로 표현함.	• 자신의 행동이 의사소통 상대자에게 영향을 미치는지 인식함. • 그림, 글자, 말, 물체 등 구체적 상징이나 추상적 상징으로 표현할 수 있음.

방법: 주 양육자와의 면담, 자연스러운 상황에서의 관찰, 의사소통 표본 모으기 등을 실시한 후 〈의사소통 기능과 비도구적 · 도구적 형태의 체크리스트〉에 기록하고 분석하여 의사소통 단계를 결정할 수 있다.

2) 언어 및 의사소통 단계별 세부 평가

의사소통 단계별 세부 평가 후에 AAC 사용자의 의사소통 단계가 설정되었으면 각 단계별 세부 평가를 실시한다. 각 단계별 세부 평가는 크게 1단계에서는 감각 및 운동 능력 평가, 상징 유형 평가, 도구 평가(feature matching)로 나뉘고, 2단계에서는 감각 및 운동 능력 평가, 상징 유형, 크기, 개수 평가, 도구 평가로 나뉜다. 3단계에서는 2단계에서와 마찬가지로 감각 및 운동 능력 평가, 상징 유형, 크기, 개수 평가, 의사소통판 유형, 도구 평가로 나뉜다. 각 단계별 구체적인 평가 내용은 다음 [그림 2-1]과 같다.

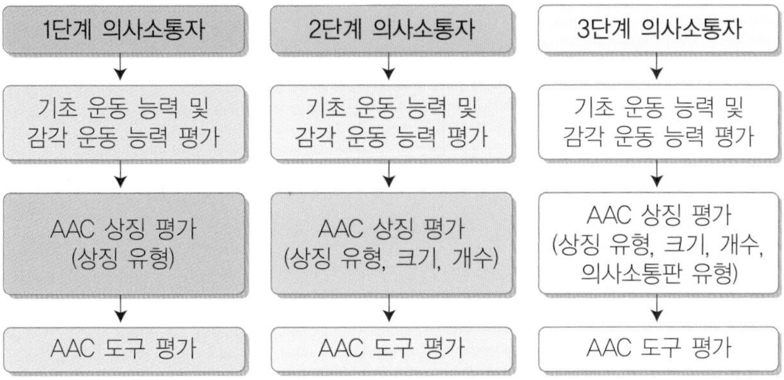

[그림 2-1] 언어 및 의사소통 단계별 세부 평가

(1) 1단계(전의도적 의사소통자)

① 감각 및 운동 능력 평가

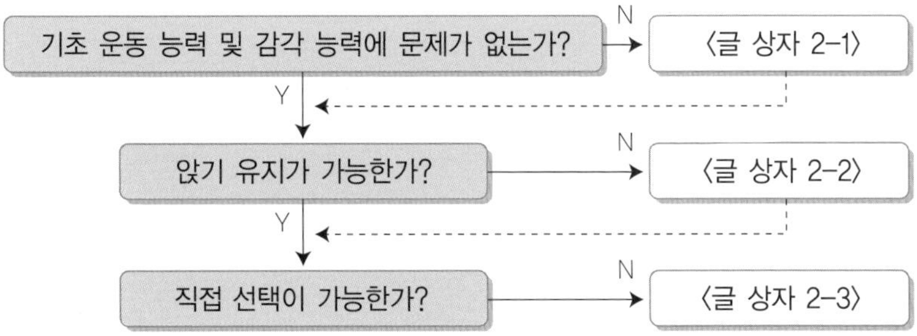

[그림 2-2] 감각 및 운동 능력 평가의 예

② 상징 유형 평가

선호도 조사(〈부록 4〉 참조)를 통해 좋아하는 것과 관련된 상징 한 개(제스처 또는 사진이나 그림)부터 '요구하기'를 할 수 있도록 시작한다.

③ 도구 평가

상징 한 개를 사용할 수 있는 도구(예: 1개짜리 버튼 녹음 스위치, Vocal Slides, 엔젤톡 등)를 적용해 보고 AAC 사용자에게 적합한 도구를 선정한다. 기기의 구체적인 특징은 〈부록 6〉을 참고한다.

〈글상자 2-1〉 기초 운동 능력 및 감각 능력에 문제가 있는 경우

- 감각 및 운동 능력에 문제가 있는지는 면담 및 관찰을 통해 파악한다.

AAC 사용자가 시각 문제를 가지고 있는 경우, AAC 평가 시 다음과 같은 사항을 고려해야 한다.

① 중심시야손상(central visual field loss)이 있는 사람들은 신체의 중앙선(midline)상에 놓인 AAC 상징을 보는 데 어려움이 있기 때문에 상징을 놓고 상징으로부터 머리나 눈을 수직적 · 수평적으로 옮겨서 상징을 볼 수 있는지 평가해야 한다. 주변시야손상(peripheral visual field loss)을 지닌 사람들은 측면이나 상하 극단에 놓인 상징들을 볼 수 없기 때문에 상징들을 중앙에 배열하도록 한다. 또한 움직임을 감지하기 어렵기 때문에 움직이는 물체나 불빛 감지를 통한 시각적 스캐닝 사용이 어려울 수 있다.
② 안구 운동 기능 문제(예: 사시, 안구진탕 등)를 가진 사람들 또한 움직이는 물체나 빛을 감지하는 시각적 스캐닝 사용이 어려울 수 있다.
③ 망막에 문제가 있는 사람들은 빛에 대해 비정상적인 반응을 보이므로 낮은 광도를 필요로 할 수 있고, 퇴행성 근시를 지닌 사람들은 디스플레이 화면의 밝기를 높여야 한다. 또한 눈부심이 발생할 수 있으므로 디스플레이를 코팅하거나 비닐로 싸서 눈부심이 발생하지 않도록 해야 한다.

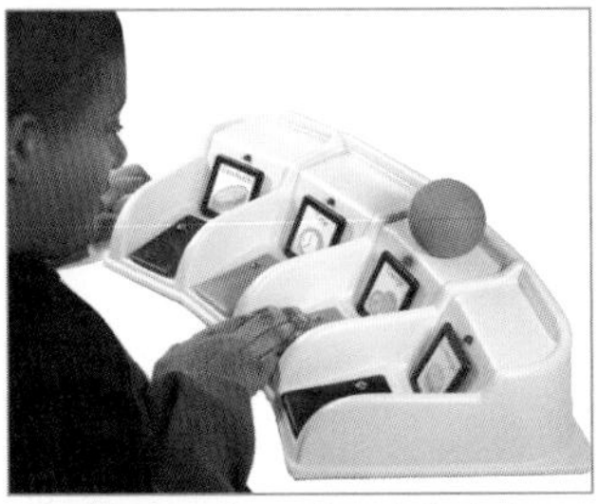
수퍼사이즈 커뮤니케이터

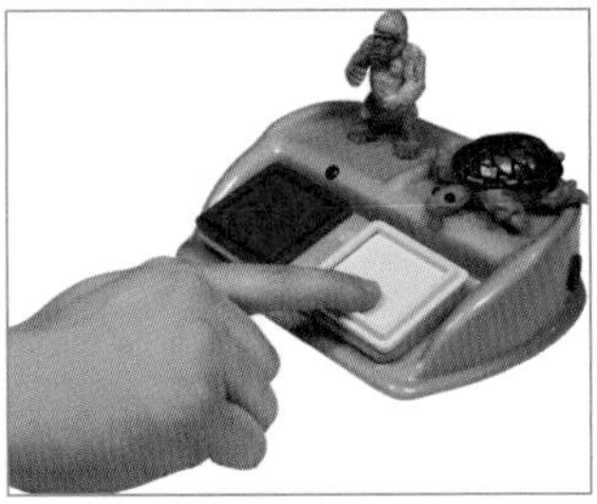
멋진 커뮤니케이터

8칸 커뮤니케이터

포트라이트 커뮤니케이터

진동토크8

시각장애인들이 쓸 수 있는 AAC 도구 목록

사진 출처: https://enablingdevices.com

④ 색맹의 경우에는 보이지 않는 색이 어떤 색인지 평가하여 컬러로 된 그림을 상징으로 사용할 때나 의사소통판의 색깔 부호화를 사용할 경우 이를 고려해야 한다.

AAC 사용자가 청각 문제를 지닌 경우에는 AAC 기기의 볼륨을 조절하여 AAC 사용자가 소리를 잘 들을 수 있는지 확인하여야 한다. 또한 AAC 도구의 음성 산출 유형(예: 음성 녹음, TTS 등)을 파악하여 청각에 어려움을 가진 AAC 사용자에게 맞게 도구를 선정해야 한다.

AAC 사용자가 전정감각, 촉각, 고유감각, 후각, 미각 등의 감각처리에 어려움이 있는 경우 감각 통합 전문 작업치료사와 협력하여 AAC 사용 시 고려해야 할 점을 논의하도록 한다.

〈글상자 2-2〉 앉기 유지에 어려움이 있는 경우 평가의 예

앉기 유지 가능 여부를 평가하기 위해 우선 일반적인 중립 자세로 앉도록 하고 유지할 수 있는지 평가한다. 앉기 유지가 되지 않으면 보조공학기기를 사용하여 중립 자세를 유지하도록 도와주고, 그것이 어렵다면 눕기가 가능한지 살펴본다.

Zollars(2015)에 의하면, 중립자세란 다음과 같다.

- 골반은 꼿꼿하거나 약간 앞으로 기울어 있음
- 체간은 꼿꼿하고, 뒤쪽 면은 자연스럽게 커브져 있음
- 양쪽 다리는 정중선에서 약 5~8도 정도 분리되어 있음
- 무릎과 발목은 90도로 굽어서 발바닥이 지면에 편평하게 닿아 있음
- 머리는 꼿꼿하고, 정중선에, 신체와 균형 있게 있어서 앞쪽의 물체를 볼 수 있음
- 어깨는 이완되어 있고, 팔은 움직임 및 기능을 위해 자유로운 자세

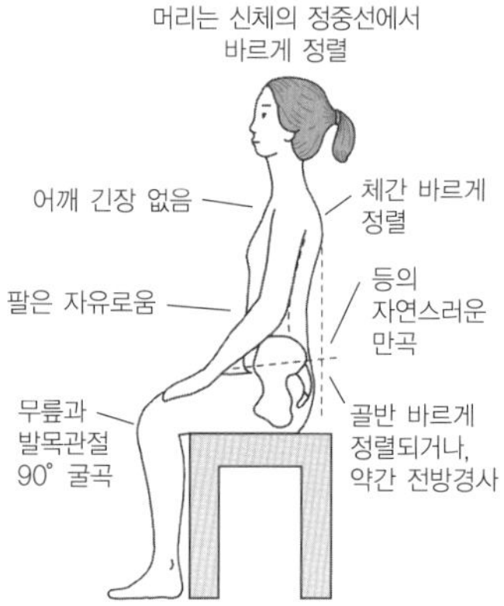

※참고: 일반적으로 자발적인 서기가 가능하면 대부분 앉기가 가능하기 때문에 설 수 있으면 앉기 유지 평가를 따로 실시할 필요가 없을 수 있다. 가정에서는 AAC를 누워서 사용하기를 원하는 경우도 있기 때문에 AAC 사용자의 요구에 적절하게 AAC 세팅을 해 주는 것이 필요하다.

운동 능력 문제로 인해 앉기 유지에 어려움이 있는 경우에는 우선 현재 시판 중인 앉기 유지 보조도구를 적용해 보고 앉기 유지가 가능하도록 한다. 만약 앉기 유지 보조도구 적용 후에도 앉기 유지가 되지 않는다면, 앉기 유지 보조도구를 개별 제작 후 적용하거나 누워서 AAC를 사용할 수 있는지 평가해야 한다. 눕기 보조도구를 적용해 보고 눕기 유지에도 어려움을 보인다면 물리치료사, 작업치료사 및 보조공학사와 협력하여 앉기, 서기, 눕기 유지를 할 수 있도록 한다.

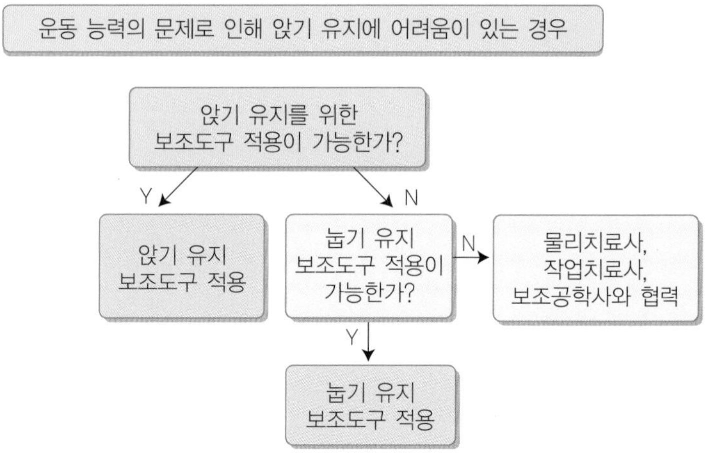

〈글상자 2-3〉 손으로 직접 선택에 어려움이 있는 경우

• 직접 선택이 가능한지 여부를 평가하는 간단한 방법으로는 물건을 책상에 놓고 손으로 잡아 보라고 지시한다. 손으로 물건을 잡을 수 있다면 대부분 손으로 직접 선택이 가능하고 물건을 잡으려고 뻗는 손(오른손 또는 왼손)은 대부분 AAC 사용자가 주로 사용하는 손 또는 편한 손이라고 간주할 수 있다.

직접 선택이 어려운 경우, 다음과 같이 디스플레이 정위의 각도, 거리, 배열 등을 바꾸어서 제시해 본다.

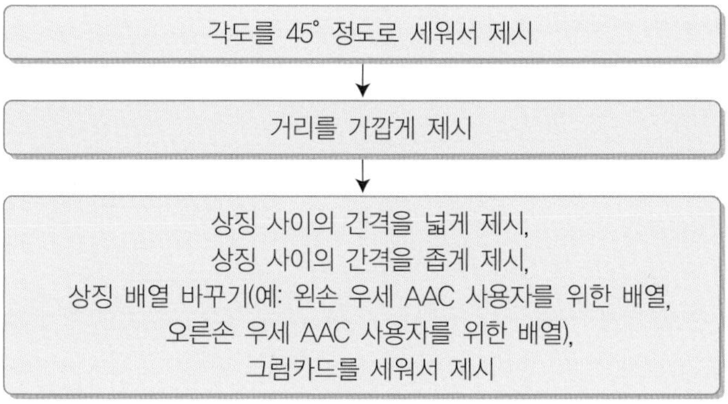

이와 같이 적용해 본 후에도 손으로 직접 선택이 어려울 경우, 다음과 같이 실시한다.

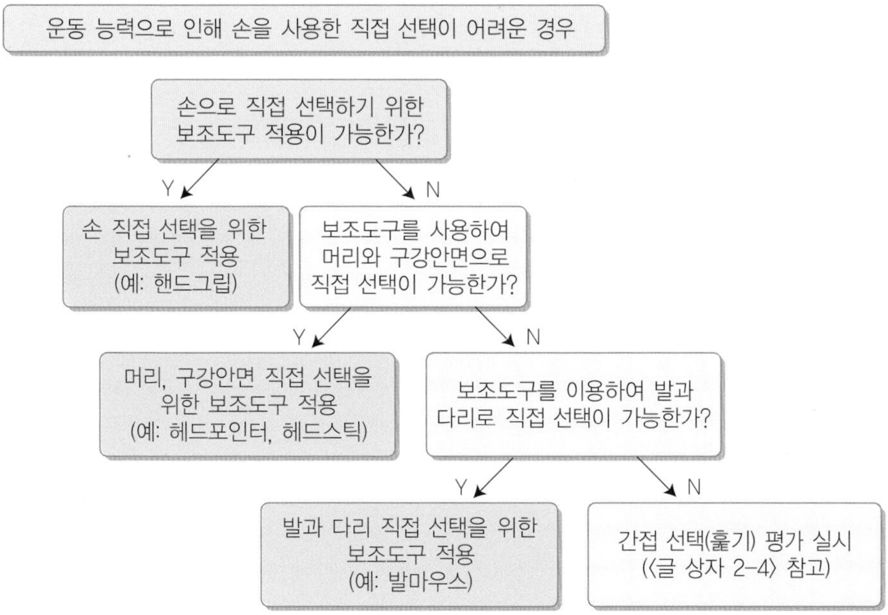

〈글상자 2-4〉 간접 선택(훑기)을 위한 스위치 평가

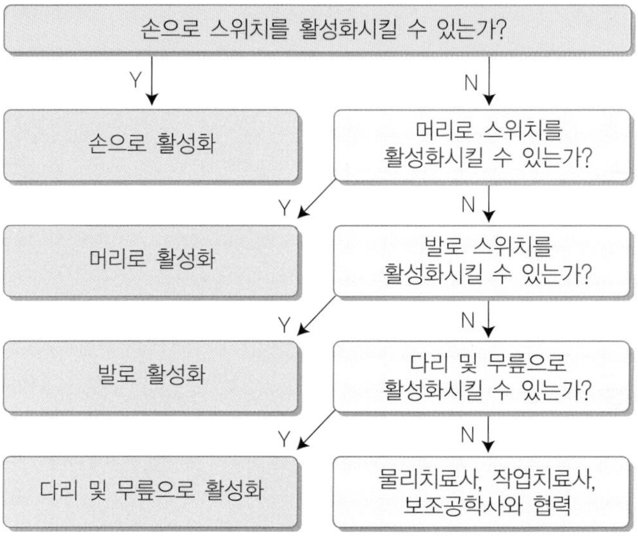

간접 선택(훑기)을 위한 스위치 평가에서는 AAC 사용자가 스위치를 자발적으로 활성화할 수 있는 신체 부위가 어디인지 알아보아야 한다. 스위치를 활성화시킬 때 부주의한 신체 움직임으로 인해 부정확한 활성화가 일어나는지 여부와 스위치를 정확하고 효율적으로 떼 놓을 수 있는지 여부를 평가해야 한다. 또한 활성화에 걸리는 시간과 스위치 접속을 유지하는 시간을 측정해야 한다.

선택 조절 기법

평가	커서 조절 기법 선택
스위치를 누르고 유지하거나 누르고 떼는 데 어려움이 있을 경우 • 활성화 시 정확도가 높을 경우 • 커서가 정확한 위치에 놓일 때까지 기다리기가 가능할 경우 • 기다렸다가 스위치를 재활성화할 때 정확도가 높은 경우	자동적 훑기
스위치를 활성화하는 데 어려움은 있지만, 스위치를 누르고 유지하거나 누르고 떼는 데 정확도가 높은 경우	직접 훑기 (선택 시 스위치를 떼 놓아야 할 경우)
• 운동능력, 인지능력이 낮은 경우 • 스위치 활성화 시 정확도가 낮거나 스위치 활성화 유지 능력이 낮은 경우	단계적 훑기 (스위치가 활성화될 때마다 한 단계씩 커서가 움직임)

출처: 박현주 역(2008).

(2) 2단계(비도구적 상징 의사소통자)

2단계(비도구적 상징 의사소통자) 세부 평가는 크게 상징 유형 평가, 상징 크기 및 개수 평가, 도구 평가로 나뉜다. 상징 유형 평가 실시 후 상징 크기 및 개수 평가를 실시한다. 상징 유형 평가에서는 AAC 사용자에게 적합한 상징 유형(실물, 사진, 선화, 글자)을 평가하게 된다. 적합한 상징 유형을 선택한 후 상징 크기 및 개수 평가를 통해 의사소통판에 어떤 크기의 상징이 들어갈 것인지 평가한다. 마지막으로 도구 평가를 통해 AAC 사용자에게 적합한 도구를 선정한다.

① 감각 및 운동 능력 평가

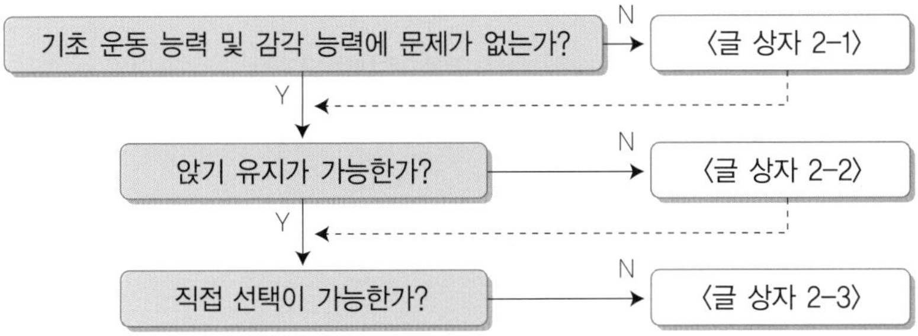

[그림 2-3] 감각 및 운동 능력 평가의 예

② 상징 유형 평가

상징 유형 평가란 AAC 사용자에게 적합한 상징 유형(예: 사진, 그림, 글자 등)을 선정하기 위한 평가다. 상징 크기 및 개수 평가는 AAC 사용자의 의사소통판에 몇 개의 상징이 들어가야 할지, 어떤 크기의 상징이 적합할지 평가하는 것이다.

상징 유형 평가는 사진, 선화, 글자 순으로 제공된다. 한 개의 판에 여러 개의 상징을 제공하여 상징 유형을 평가하게 되면 AAC 사용자가 상징 이해에 어려움이 있는 것인지, 상징 크기 및 개수 때문에 상징을 선택하는 데 어려움이 있는 것인지, 스캐닝 문제 때문에 어려움이 있는 것인지 판단하기 어렵게 된다. 따라서 한 개의 A4 용지 크기 판에 2개의 상징을 넣어 평가한다. 평가할 상징의 어휘(예: 칫솔, 컵, 사과, 연필 등)를 선정할 때에는 언어 평가(예: K M-B CDI, REVT, K-BNT, K-WAB 등)의 결과에서 AAC 사용자가 이미 이해하고 있는 어휘를 선정하여 사진, 선화, 글자로 만들어 평가 시 제공한다.

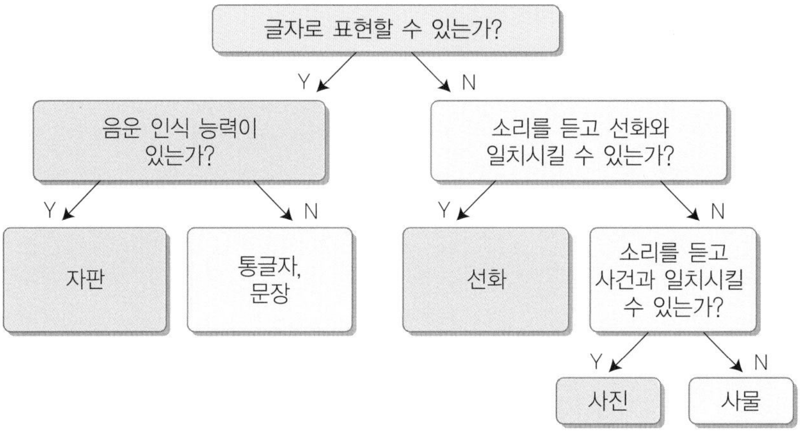

[그림 2-4] 2단계 의사소통자 상징 유형 평가의 예

다음에 제시한 상징 유형 평가 예시의 어휘들은 언어 평가(PRES, REVT, K-BNT 등)에서 본 평가를 시작하기 전 예시 문항들을 분석하여 공통 어휘를 선정한 것이다.

〈표 2-2〉 상징 유형 평가 예시 문항

세트	예시 문항	
1	칫솔	컵
2	사과	연필
3	신발	숟가락
4	양말	가위

평가 시 각 상징 유형에 75% 이상 정반응을 보였을 경우(4개 중 3개 정반응), 그 상징을 이해한 것으로 간주한다. 4세트 중 2세트만을 예시로 살펴보자면 다음과 같다.

[그림 2-5] 상징 유형(사진) 평가의 예

[그림 2-6] 상징 유형(선화) 평가의 예

칫솔	컵	사과	연필

[그림 2-7] 상징 유형(글자) 평가의 예

③ 상징 크기 및 개수 평가

어떤 상징 유형이 적절한지 평가되었으면 상징 크기 및 개수 평가를 실시한다. 상징 크기 및 개수 평가는 한 개의 의사소통 판에 몇 개의 상징이 들어가야 할지, 상징의 크기는 어느 정도가 적당한지 평가하기 위한 것이다. 상징 크기 및 개수 평가는 AAC 사용자에게 적절한 상징 유형에서 4개 → 8개 순으로 진행된다. 2개의 크기 및 개수 평가는 이미 상징 유형 평가 때 실시했기 때문에 4개부터 시작한다.

다음은 사진의 상징 크기 및 개수 평가의 예다.

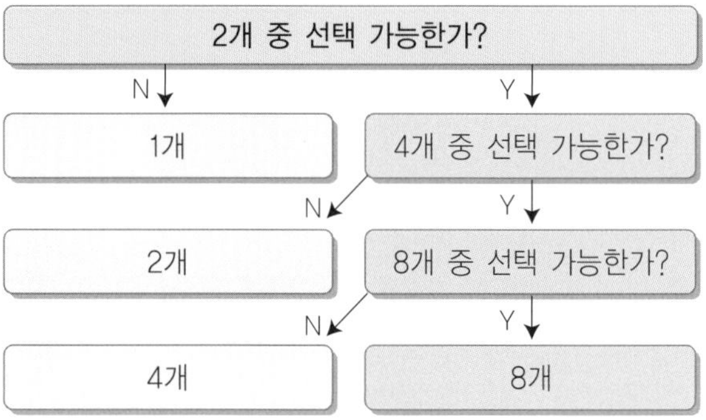

[그림 2-8] 상징 크기 및 개수 평가(2단계 의사소통자)

[그림 2-9] 상징 크기 및 개수 평가의 예(4개)

[그림 2-10] 상징 크기 및 개수 평가의 예(8개)

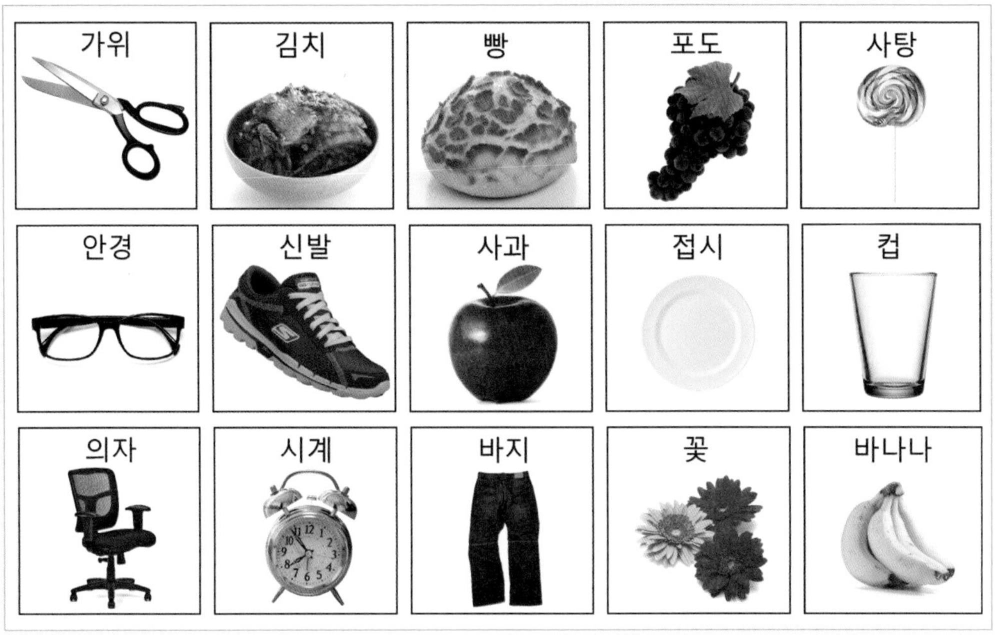

[그림 2-11] 상징 크기 및 개수 평가의 예(15개)

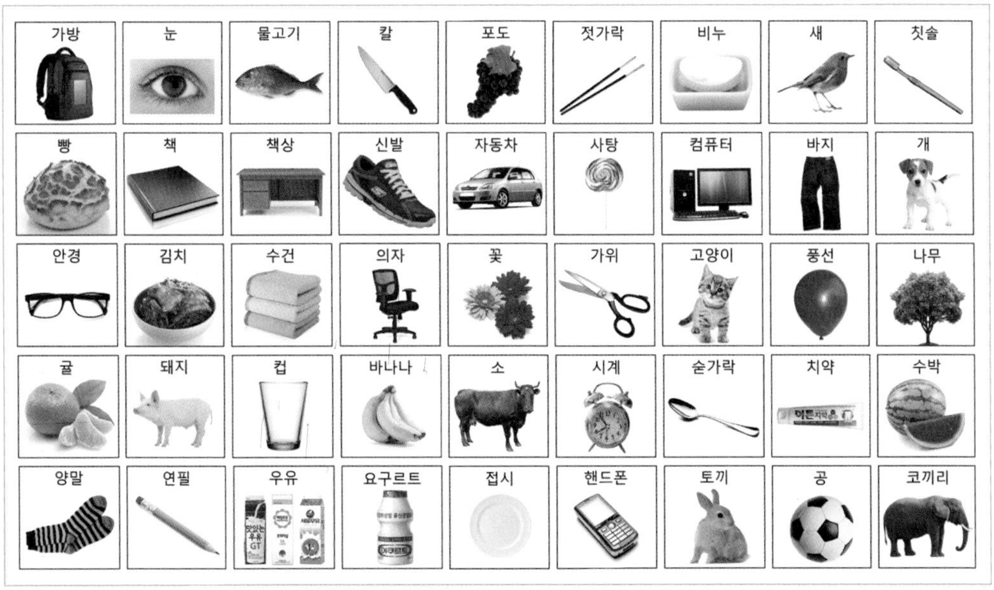

[그림 2-12] 상징 크기 및 개수 평가의 예(45개)

④ 도구 평가

상징 크기 및 개수 평가를 토대로 마이토키 2판, 4판, 8판, iOS 기반의 iComm, Talking Cards, Android 기반의 Vocal Slides를 적용해 보고 AAC 사용자에게 맞는 기기를 선정한다. 기기의 구체적인 특징에 대한 설명은 〈부록 7〉을 참고한다.

(3) 3단계(도구적 상징 의사소통자)

3단계(도구적 상징 의사소통자)는 크게 상징 유형 평가, 상징 크기 및 개수 평가, 의사소통판 유형 평가, 도구 평가로 나뉘는데, 상징 유형 평가를 실시한 후 상징 크기 및 개수 평가를 실시하고 의사소통판 유형 평가 후에 마지막으로 도구 평가를 실시한다. 상징 유형 평가에서는 면담지, 관찰 등을 통해 AAC 사용자가 현재 어떠한 상징을 사용하여 의사소통하고 있는지 알아보고 적절한 상징 유형이 선택되면 상징 크기, 개수, 범주화 평가를 통해 의사소통판에 들어갈 상징의 개수와 크기 및 의사소통판의 유형을 결정한다. 마지막으로 도구 평가를 통해 AAC 사용자에게 적절한 도구를 선정하도록 한다.

① 상징 유형 평가

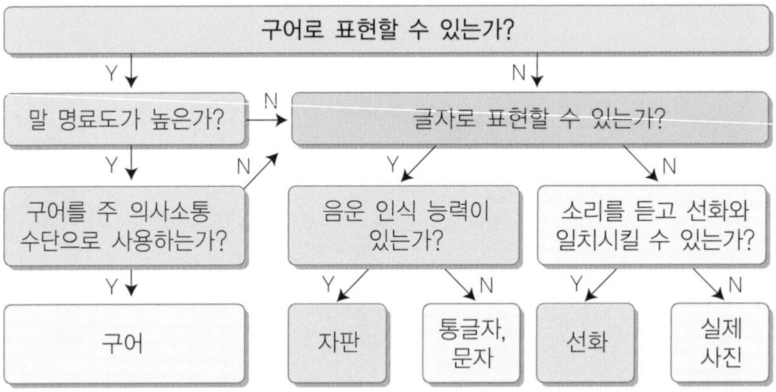

[그림 2-13] 상징 유형 평가 방법(3단계 의사소통자)

② 상징 크기 및 개수 평가

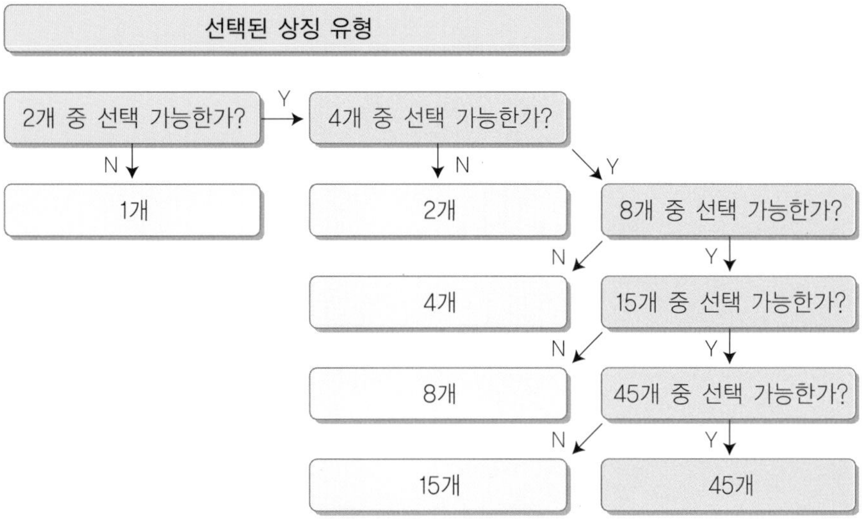

[그림 2-14] 상징 크기 및 개수 평가 방법

③ 의사소통판 유형 평가

의사소통판 유형 평가는 의사소통판을 범주화된 판으로 설정할지, 단일 의사소통판으로 설정할지 평가하는 것이다. KAA에서는 우선 A4 용지 크기의 판에 상징 유형, 크기 및 개수, 의사소통판 유형 평가를 한다. 그 후 AAC 사용자에게 적절한 상징 및 크기, 개수, 의사소통판 유형이 결정되면 도구 평가를 실시한다.

의사소통판 유형 평가를 하기 위해서는 다음 [그림 2-15]와 같이 범주가 있는 의사소통판을 제공하여 범주별로 선택하도록 한다(예: "동물을 모두 가리켜 보세요.", "과일을 모두 가리켜 보세요."). [그림 2-15]는 사진을 넣은 의사소통판 유형 평가의 예다.

④ 도구 평가

상징 크기 및 개수 평가를 토대로 다양한 기기(예: 마이토키, 키즈보이스, 위드톡, 보이스탭, 스마트 오케이 톡톡, iOS 기반의 iComm, Talking Cards, 보이스탭, Android 기반의 진소리 등)를 적용해 보고 AAC 사용자에게 맞는 기기를 선정한다. 기기의 구체적인 특징을 보기 위해서는 〈부록 7〉을 참고한다.

[그림 2-15] 범주화 평가 방법 및 예

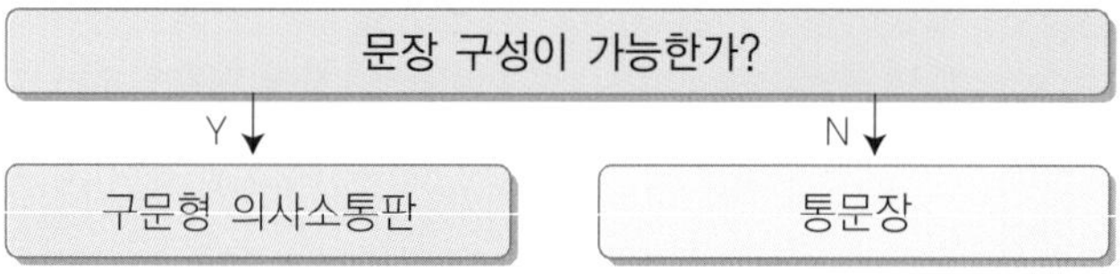

[그림 2-16] 구문 평가 방법

한국 보완대체의사소통 중재 매뉴얼(KAI)

3장

1. 의사소통 단계에 따른 언어치료 중재

AAC 사용자의 의사소통 능력을 고려하여 중재를 제공하고자 할 때 단계에 따른 접근 방법을 적용해 볼 수 있다. 이러한 단계는 앞서 2장에서 설명한 바와 같이 3단계로 나눌 수 있으며, 1단계(전의도적 의사소통자), 2단계(목표지향적/비도구적 상징 의사소통자), 3단계(도구적 상징 의사소통자)로 구별된다. 각 의사소통 단계에 따른 중재 목표 선정 시 고려해야 할 점과 중재 전략 및 사례를 제시하면 다음과 같다.

1) 1단계 의사소통자

(1) 중재 목표

1단계 의사소통자는 자신의 행동이 의사소통 상대자에게 영향을 미치는지 인식하지 못하고, 주로 표정이나 발성 등의 비도구적 행동을 통해 표현하기 때문에 의사소통 상대자가 의사소통자의 행동을 해석하는 것이 필요하다. 이 단계의 AAC 사용자의 중재 목표는 비도구적(예: 제스처)·도구적(예: 그림) 형태로 의사소통 상대자와 자발적이고 비촉진적인 '요구하기'를 하고, 습득된 '요구하기'를 지속하는 것이다.

• 중재 목표: AAC 사용자는 제스처나 사진, 그림을 이용하여 자발적인 '요구하기'를 할 수 있다.

〈표 3-1〉 '주세요' 그림 및 제스처의 예

비도구적 상징	도구적 상징
제스처로 '요구하기' (예: '주세요') 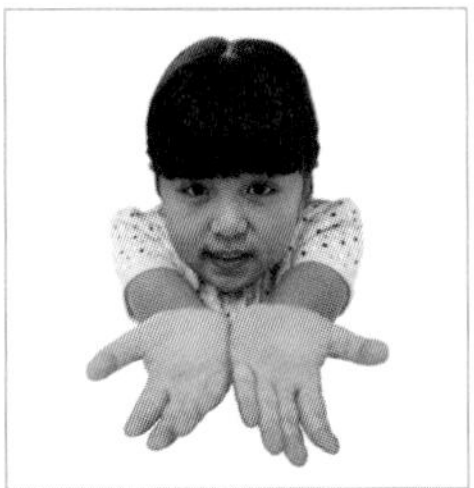	사진이나 그림으로 '요구하기' (예: '주세요') 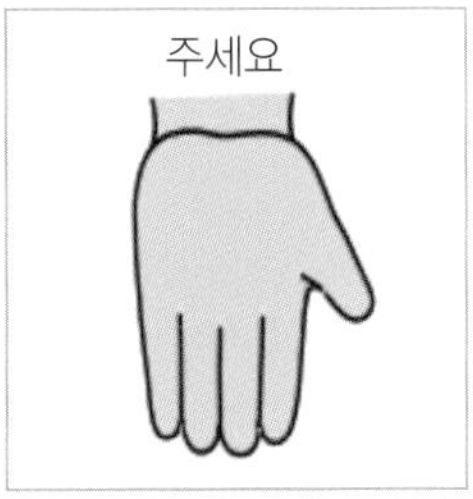

(2) 중재 전략

1 의사소통자 의도성의 식별과 반응

1단계 의사소통자는 의도성이 있는 의사소통 행동을 나타내지 않기 때문에, 의사소통 상대자가 AAC 사용자의 행동을 의도적인 것처럼 지속해서 해석하고 반응한다면 AAC 사용자는 점차 이러한 행동을 의도적으로 표현하는 법을 배우게 된다. 상호작용은 두 사람 사이에 발생하는 의사소통인데 의사소통자가 다양한 의미를 포함한 제스처나 발성을 했을 때 의사소통 상대자가 그것을 의미 있는 행동으로 해석하거나 반응하지 않는다면 상호작용은 더 이상 일어나지 않을 것이다. 따라서 의사소통 상대자는 1단계 의사소통자의 신호를 인식하고, 그에 즉각적으로 정확하고 일관성 있게 반응해 주는 것이 중요하다.

의사소통 상대자의 적절한 해석과 반응은 AAC 사용자의 의사소통 레퍼토리를 확장시킬 때도 지속적으로 사용할 수 있는 중요한 기법이다. 많은 사람이 일반 아동 및 성인의 관습적인 제스처와 발성에는 동조하면서도 장애 아동이나 성인이 보이는 특이한 행동에 대해서는 무시하거나 잘못 해석하는 경우가 많다(Rowland, 1990). 의도적인 행동을 강화하기 위해 의사소통 상대자가 의사소통자의 비의도적인 행동보다는 의도적인 행동에 차별적으로 반응할 수 있도록 의사소통 신호를 인식하고, 그에 대해 즉각적으로 정확하고 일관성 있게 반응해 주는 것이 중요하다. 〈글상자 3-1〉

〈글상자 3-1〉 의도적인 의사소통과 비의도적인 의사소통 구별하기

- 의도적인 의사소통 행동의 지표

① 사물과 상대방을 번갈아 응시하는가?
② 상대방을 향해 보이는 신호로서 신체 움직임이 나타나는가?
③ 어떤 신호를 되풀이하기 전에 의사소통자가 상대방의 반응을 기다리고 있음을 보여 주는 멈춤 행동이 있는가?
④ 신호를 보여 상대방이 반응을 하면 해당 신호를 멈추는가?
⑤ 신호를 보여 상대방이 반응하면 의사소통자는 그 반응에 만족이나 불만을 표시하는가?
⑥ 신호를 보였으나 상대방이 반응하지 않으면 해당 신호를 반복하거나 다른 신호로 바꿈으로써 자신의 의도를 관철하는가?
⑦ 신호가 매번 동일하거나 관습적인 형태(예: 지적하기, 머리 젓기)인가?

출처: Siegel & Wetherby (2000).

은 의도적인 의사소통 행동을 구별할 수 있는 지표의 예다.

[2] 요구하기 중재

요구하기는 가장 기본적이고 필수적이기 때문에 체계적인 접근이 필요하다. 다음은 일반적인 요구하기와 주의 끌기 신호의 사용을 가르치는 방법이다(Keogh & Reichle, 1985; Reichle et al., 1991; Beukelman & Mirenda, 2008).

• 자기 선택(self–selection) 가르치기 단계

1단계: 식당에서 식판 위에 강화 가능성이 있는 항목들(예: 음식, 음료수)을 올려놓는다.
2단계: 10~20초 정도 AAC 사용자가 닿을 수 있는 위치에 식판을 놓아 두고 사물을 선택하도록 한다.
3단계: AAC 사용자가 손을 뻗거나 가리키면 이를 수용한다.
4단계: 항목이 선택되면 식판을 치우고 그 항목을 제공한 다음, 선택된 항목을 자료로 기록한다.
5단계: 만일 10~20초 내에 반응이 없으면 식판을 치우고 기다렸다가 다시 시도한다.
6단계: 4단계가 연속적으로 3번 일어날 때까지 1~6단계를 반복한다.
7단계: 개인의 선호도가 무엇인지, 그리고 각각의 연습 세션을 얼마나 지속해야 하는지 결정하기 위해 3~4일 이상 반복한다.

• 배열된 단서에 따라 일반적인 '주세요' 상징 가르치기 단계

1단계: AAC 사용자 앞에 놓인 커다란 종이 위에 '주세요' 상징을 놓는다.
2단계: 다양한 항목이 놓인 식판을 제공한 후, "뭘 줄까요?" 라고 묻는다.
3단계: AAC 사용자가 원하는 항목을 집으려고 손을 뻗으면,
㉠ AAC 사용자가 집고자 하는 항목을 기록한다.
㉡ AAC 사용자의 손이 닿을 수 없도록 식판을 살짝 밀어낸다.
㉢ '주세요' 상징을 지적하도록 신체적 촉진을 제공한다.
4단계: AAC 사용자가 상징을 지적하면 원하는 항목을 제공한다.
5단계: "뭘 줄까요?" 라는 질문에 대해 일관성 있고 독립적으로 '주세요' 상징을 지적할 때까지 신체적 촉진을 점차 줄여 간다.
6단계: 다양한 항목을 이용하여 자연스러운 상황(예: 음식을 이용한 아침식사 중, 책을 이용하는 도

서관 등)에서 1~5단계를 연습한다. AAC 사용자가 언제, 어느 곳에서든 '주세요' 상징을 사용할 수 있도록 다양한 환경에서 연습할 기회를 제공한다.

• 요구를 위한 주의 끌기 사용 가르치기 단계

1단계: AAC 사용자가 '주세요' 상징을 언제든지 사용할 수 있도록 해야 한다.

2단계: 손짓이나 도구를 사용한 주의 끌기 신호를 알아봐 준다. 의사소통 상대자의 팔이나 어깨 두드리기, 관심을 받을 때까지 손 들기(손짓), 종 울리기(도구 사용), 호출기 활성화(도구 사용) 등이 포함될 수 있다.

3단계: 도구를 사용하는 호출 신호가 선택되면 AAC 사용자가 언제든 해당 도구에 접근할 수 있도록 해야 한다.

4단계: 의사소통 상대자의 관심을 끌기 위해 신호를 사용하도록 가르칠 때 다양한 촉진을 사용한다.

5단계: AAC 사용자가 의사소통 상대자의 관심을 끌었으면, 의사소통 상대자는 AAC 사용자에게 다가가서 '주세요'의 2~6단계를 반복한다.

6단계: 주의 끌기 신호를 가르치기 위해 사용한 촉진은 점차 줄여 나가야 한다.

7단계: AAC 사용자의 자발적인 요구를 촉진하기 위해 하루 중 가능한 한 많은 시간 동안 주의 끌기 신호를 이용할 수 있도록 한다.

요구하기는 환경적 교수, 우연적 교수로도 알려져 있는 자연주의적 교수 중재를 통하여 유도할 수 있는데, 이 중재는 매일의 활동과 일과 속에서 기능적인 언어 기술을 가르치기 위한 전략들로 구성되어 있다. 자연주의적 교수 전략에서는, 첫째, 촉진자는 요구하기를 배우는 사람이 흥미를 가질 수 있는 의사소통의 기회를 만들기 위해 적절한 환경을 조성한다. 둘째, 촉진자는 요구하기 학습이 효과적이도록 구어, 제스처, 시범 또는 신체적 촉진을 먼저 제공한다. 셋째, 요구하기 뒤에는 항상 인위적이라기보다는 기능적으로 관련된 결과가 뒤따르게 한다. 다음의 〈표 3-2〉는 요구하기를 가르치기 위한 자연주의적 교수 전략이다(Sigafoos & Mirenda, 2002).

〈표 3-2〉 요구하기를 위한 자연주의적 교수 전략

전략	설명
요구하도록 시간 지연시키기	원하는 항목이나 활동을 제시하기는 하지만 AAC 사용자가 요구할 때까지 원하는 것을 제공하지 않는다.
빠뜨리기/닿지 않는 곳에 물건 놓아 두기	원하는 활동에 필요한 항목을 빠뜨린다.
불완전하게 제시하기	AAC 사용자가 요구한 항목을 불완전하게 제시한다.
행동 중단하기	진행 중인 활동을 중단시켜 요구할 기회를 만든다.
도움 지연시키기	요구가 있을 때까지 필요한 도움을 지연시킨다.
다른 항목 제공하기	AAC 사용자가 요구한 것과 다른 항목을 제공한다.
구어적 촉진 제공하지 않기	원하는 항목을 나타내는 상징을 AAC 사용자 근처에 놓기는 하지만, 그것을 언급하기 위해 구어적 단서(예: "뭐 줄까?")를 사용하지 않는다. 만일 AAC 사용자가 의도적이든 비의도적이든 상징을 만지면 해당 항목을 제공한다(Miranda & Dattilo, 1987; Mirenda & Santogrossi, 1985).

2) 2단계 의사소통자

(1) 중재 목표

2단계 의사소통자는 의사소통 기능은 있지만 비도구적 상징으로 표현하고 있기 때문에, 도구적 상징(예: 사진이나 그림)을 제공하여 비도구적 및 도구적 상징으로 의사소통 기능을 증진시키는 것을 목표로 한다.

• 중재 목표: 사진이나 상징 등과 같은 도구적 상징을 제공하여 비도구적 상징뿐만 아니라 도구적 상징 표현을 증진시키도록 한다.

이러한 목표를 위한 고려점은 다음과 같다.

① 의사소통 기능 중 AAC 사용자에게 나타나지 않는 기능을 파악하여 중재의 목표로 설정한다.
② AAC 사용자의 수용 및 표현 어휘를 파악하여 수용 및 표현 어휘를 증진시킨다.
③ 의미론적 분석을 통해 AAC 사용자에게 나타나지 않는 의미 유형 중 우선적으로 필요한 유형을 선택하여 목표로 설정한다.

(2) 중재 전략

[1] 시각스케줄을 활용하여 도구적 의사소통 소개하기

시각스케줄을 이용해서 도구적 의사소통을 소개하는 것은 기본적인 의사소통 기술을 습득하고 있는 사람들에게 적절하다. 시각스케줄(visual schedule, 달력 체계, 스케줄 체계, 활동 체계)은 AAC 사용자가 하루 동안 참여하는 모든 활동을 상징으로 나타내는 것으로, 다양한 연령과 능력을 지닌 2단계 의사소통자를 위해 가정, 학교, 지역사회 환경에서 효과적으로 활용될 수 있다(Bopp et al., 2004). 시각스케줄은 '상징성'의 개념을 처음 도입하고, 하루 동안의 활동 순서를 전체적으로 알게 하며, 다음에 일어날 일에 대한 정보를 제공하여 활동 간 전이를 돕는 역할을 한다(Beukelman & Miranda, 2005). 실제 사물이나 사진, 선, 그림 등의 상징을 사용할 수 있다.

시각스케줄은 다음과 같은 목적을 성취하는 데 도움이 된다(Flannery & Homer, 1994).

① 상징화의 개념, 즉 하나의 물건이 또 다른 것을 의미할 수 있다는 것을 인식시키기
② 하루 동안 이루어지는 활동의 대략적인 순서 제공하기
③ 다음에 일어날 일들에 대한 특정 정보 제공하기
④ 한 활동에서 다음 활동으로의 용이한 전이 돕기
⑤ 높은 예측 가능성을 필요로 하는 사람의 행동 지원 계획안에 구성 요소로 포함시키기

시각스케줄의 작성 및 활용 방법은 다음과 같다.

- 시각스케줄 작성 방법

① 가정, 학교 및 지역사회 환경에서 이루어지는 개인의 일상적인 스케줄을 파악하고 목록을 만든다.
② 활동을 나타내기 위해 사용할 수 있는 상징을 선택하고 모은다.
③ 스케줄을 담을 도구를 마련하고 상징을 배열한다.
④ 끝마친 활동을 확인할 수 있는 방법을 마련한다. (예: 폐기 상자를 마련하여 한 활동이 끝나면 넣는다. 활동이 끝나면 상징을 떼거나 AAC 사용자에게 준다.)

• 시각스케줄 활용 방법

활동을 시작하기 전에 AAC 사용자가 시각스케줄을 보도록 한다. 이때 AAC 사용자는 맨 처음 활동의 상징이 무엇인지 인식하고 있어야 한다. 활동이 끝나면 선정된 방법(폐기 상자에 넣기, 떼기, AAC 사용자에게 주기)으로 처리하고 그다음 활동이 무엇인지 인식할 수 있도록 한다. 다음 〈글상자 3-2〉는 언어치료실 상황에서 사용할 수 있는 시각스케줄의 예다.

〈글상자 3-2〉 시각스케줄 활용의 예

■ 언어치료실에서 치료 전 시각스케줄 활용의 예

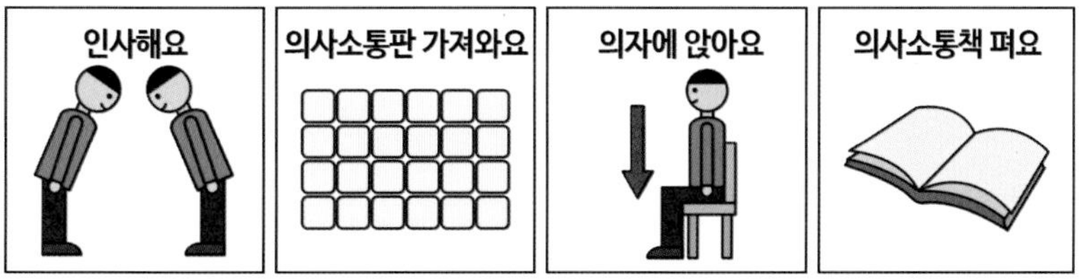

① 시각스케줄을 언어치료실 문 밖에 붙여 놓고 AAC 사용자가 처음 활동(인사하기)을 수행하기 전에 무엇을 해야 하는지 인식하도록 한다.
② AAC 사용자가 치료실 안으로 들어올 때 바깥에 있는 시각스케줄을 떼어 가지고 들어오게 한다.
③ AAC 사용자가 처음 활동을 수행하면 인사하기 상징을 떼는 식으로 각 활동이 끝나면 상징을 하나씩 떼는 것으로 활동이 끝났다는 것을 인식시켜 준다.

■ 언어치료실에서 치료 중 시각스케줄 활용의 예

① 우선 AAC 사용자에게 오늘 할 활동 상징들을 제시한다.
② AAC 사용자에게 활동 순서를 스스로 정하게 해서 언어치료사와 같이 시각스케줄을 만든다.
③ 같이 만든 언어치료 시각스케줄에서 첫 활동을 인식하고 시작한다. 각 활동이 끝나면 상징 떼기를 하여 활동이 끝났음을 알려 준다.
※ 초반에는 언어치료사가 시각스케줄을 구조화하고, AAC 사용자가 이에 익숙해지면 둘이 함께 시각스케줄을 구성하는 것이 적절하다.

■ 하루 활동 시각스케줄 활용의 예

AAC 사용자의 하루 일정(학교 → 언어치료 → 특수체육 → 마트 → 집)을 그림 상징으로 시각스케줄을 만들어 주었다. AAC 사용자의 어머니 보고에 따르면 이 시각스케줄을 차 안에 붙여 놓고 사용하였다고 한다. 예전에는 AAC 사용자가 차를 타고 어디든 갈 때마다 주위를 두리번거리며 불안해하였는데, 시각스케줄 사용 후에는 두리번거리는 빈도가 훨씬 많이 줄었고 불안감도 낮아졌다고 보고하였다.

〈글상자 3-3〉 시각스케줄 용기

• 시각스케줄을 담아 놓을 수 있는 물건들의 예(포켓 차트)

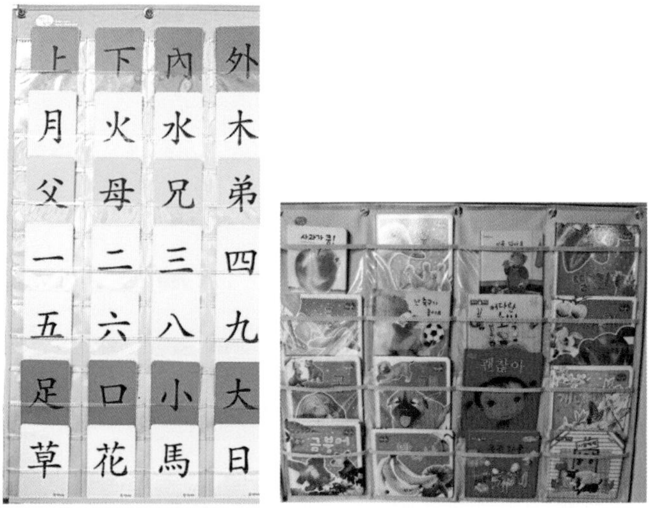

이미지 출처: http://www.아빠차트.com

시각스케줄을 담아 놓는 용도로 판매하고 있는 것들은 가격이 많이 비싸지만 시각스케줄을 담아 놓을 수 있는 사물을 대안적으로 활용할 수 있다. 그중 많이 쓰이는 것은 포켓 차트다. 포켓 차트는 손쉽게 구할 수 있고 가격도 저렴할 뿐만 아니라 다양한 크기의 카드 및 책을 담아 놓을 수 있기 때문에 시각스케줄판으로 사용하기에 유용하다.

〈글상자 3-4〉 시각적 지원의 예(규칙판, 음성강도판, 감정조절판, 강화판)

■ 규칙판

지켜야 할 규칙을 학습하는 것은 AAC 사용자에게 필요한 활동일 수 있다. 말로 이루어지는 입력이 어려울 경우에 사진이나 그림으로 규칙판을 만들어 이용할 수 있다.

■ 음성강도판

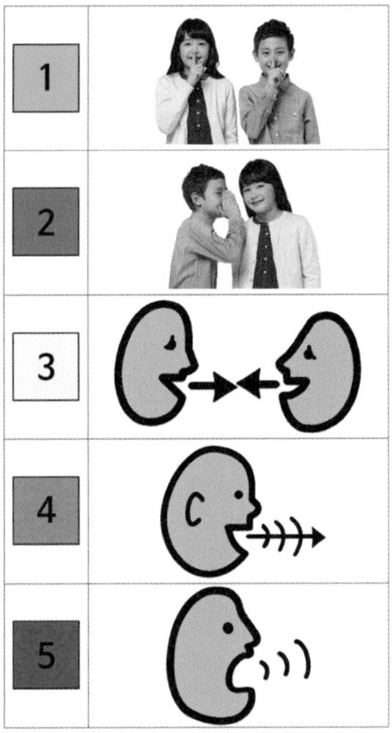

음성강도를 조절하는 데 어려움이 있는 사람들에게 각 상황이나 환경별로 적절한 음성강도를 인식하게 하고 적절하게 음성을 산출하게 도와줄 수 있다.

■ 감정조절판

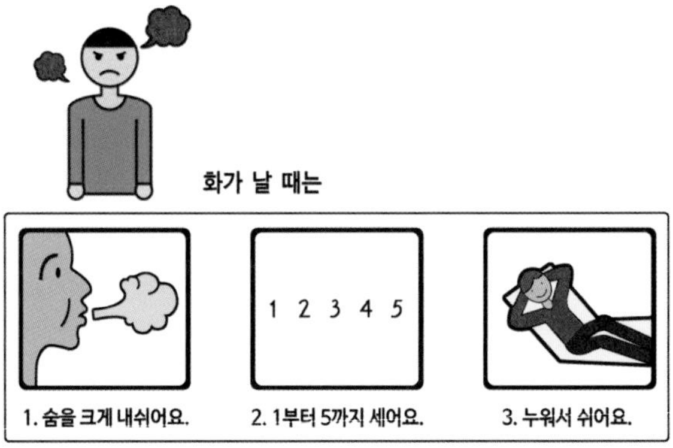

화가 날 때 분노를 조절하기 어려운 자폐범주성장애 및 지적장애 성인에게, 화가 날 때에는 어떻게 해야 하는지 시각적으로 보여 주고 행동으로 시행하도록 할 수 있다.

■ 강화판

AAC 사용자에게 풍선을 갖기 위해서는 10번 목표를 수행해야 한다는 것을 시각적으로 보여 줄 수 있다.

[2] 의사소통 일지

2단계 의사소통자는 대부분 발성 및 제스처 등과 같은 비도구적 방법으로 의사소통하고 있기 때문에 친숙하지 않은 대화 상대자는 정확하게 이들의 메시지를 이해하고 해석하는 데 어려움이 있다. AAC 사용자가 비도구적 양식으로 의사소통을 시도했을 때 그 메시지를 이해하고 적절하게 반응해 준다면 이들의 의사소통 빈도도 증가하고 의사소통 레퍼토리도 많아질 것이다. 반면, 대화 상대자가 메시지를 이해하지 못하고 반응을 해 주지 않거나 AAC 사용자의 의도와는 다르게 반응해 준다면 AAC 사용자는 좌절하게 되거나 부적절한 행동을 보이게 될 수도 있다. 2단계 의사소통자들이 나타내고 있는 비도구적 메시지를 대화 상대자가 적절하게 인식하고 반응하게 도와줄 수 있는 방법으로서 '의사소통 일지(communication diary)'를 활용할 수 있다(Bloom-berg, 1999).

의사소통 일지의 작성 및 활용 방법은 다음과 같다.

① 주 양육자의 보고 및 AAC 평가 매뉴얼을 통해 AAC 사용자의 의미 있는 제스처 및 음성 목록을 모은다.

② 각 목록에 AAC 사용자가 나타내는 메시지를 적는다.

(※ 메시지를 적을 때 자모음 순서대로 적는 방법도 있지만 빈도순으로 적는 것이 좋다. 그리고 새로운 제스처나 음성 목록이 있을 경우 계속 적을 수 있도록 한다.)

〈표 3-3〉 자폐범주성장애 아동의 의사소통 일지의 예

음성 및 행동	의미	반응하는 방법	상징 표현 예시
꼬집기 (자기 꼬집기에서 타인 꼬집기의 빈도가 높아짐)	'싫어요'	꼬집을 때 '싫어요'라고 구어로 발화하면서 제스처로 싫다고 반응해 주거나 '싫어요' 상징을 제시한다.	싫어요 
'아악~' 소리 지르기	'싫어요'	위와 동일	
바지 앞쪽으로 손을 가져간다.	'화장실 가고 싶어요'	'화장실 가고 싶어요' 상징을 제시해 주고 화장실에 데리고 간다.	화장실 가고 싶어요 
상대방의 손을 끈다.	'도와주세요'	'도와주세요' 상징을 제시해 주고 상황에 맞게 반응한다.	도와주세요 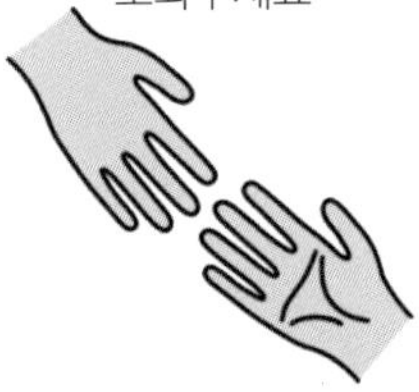
신발을 들고 온다.	'밖에 나가요' '화장실 가고 싶어요'	'나가요' 또는 '화장실 가고 싶어요' 상징을 제시해 주고 상황에 맞게 반응한다.	나가요 

③ 각 목록을 적은 후 해당 행동에 반응하는 방법을 적는다.
④ 필요한 경우, 사용할 수 있는 상징을 제시해 준다.

3 의사소통 기능 중재

의사소통 기능은 크게 행동 조절, 사회적 상호작용, 공동 관심으로 분류될 수 있다(Wetherby & Prizant, 1992; Wetherby, 1995). 행동 조절은 가장 쉽고 가장 먼저 나타나는 의사소통 기능이다. 환경적인 목표를 얻거나 제한하기 위해 다른 사람의 행동을 조절하는 기능을 하는 행동 조절에는 타인에게 자신이 원하는 물건을 요구하는 '사물 요구하기', 다른 사람에게 특정 행동을 수행할 것을 요구하는 '행동 요구하기', 원하지 않는 사물을 거절하거나 원하지 않는 행동의 중단을 요구하는 '거부하기'가 있다.

사회적 상호작용은 상호작용을 시작하고 반응하고 유지하거나 끝내기 위한 의사소통 행동 유형이다. 사회적 게임 및 일상 활동과 같은 사회적 상호작용을 시작하거나 계속할 것을 요구하는 '사회적 일과(routine) 요구하기'와 타인의 등장에 관심을 나타내거나 상호작용의 시작과 끝 신호를 나타내는 '인사하기', 타인의 관심을 얻기 위한 '부르기', 특정 행동 수행을 위해 다른 사람의 동의를 구하는 '허락받기', 타인의 관심을 자신에게 끌기 위한 '보여 주기', 지치거나 힘들 때 '위로 구하기'가 사회적 상호작용에 속한다.

타인의 관심을 사물이나 사건 또는 의사소통 행동의 주제에 집중시키기 위한 공동 관심에는 타인에게 새로운 정보를 요구하는 '정보 요구하기', 타인이 잘 모르는 것에 대해 정보를 제공하는 '정보 제공하기', 관찰 가능한 사물 또는 사건에 대해 확인하거나 기술하는 '언급하기'가 포함된다.

• 선택하기

선택하기 중재에서 AAC 사용자가 선택할 수 있도록 제시되는 항목은 연령에 적절해야 하고 사회적으로 용납할 수 있는 항목이어야 한다. 간혹 선택하기를 잘 가르치기 위해서 하나의 항목은 AAC 사용자가 좋아하는 항목을 선택하고 다른 하나의 항목은 AAC 사용자가 혐오하는 것을 넣기도 하는데, 혐오하는 것을 항목으로 사용할 때는 주의가 필요하다. 예를 들면, 머리빗을 보면 아주 싫어하는 12세의 자폐범주성장애 아동에게 선택하기를 가르치려고 할 때 하나의 항목은 아동이 좋아하는 자동차를, 다른 항목은 아동이 혐오하는 머리빗을 놓고 중재를 한다면, 아동은 중재 시크게 놀라서 치료실을 뛰쳐나가게 될 것이다.

선택하기 중재 절차는 박현주 역(2008)에서 제시한 방법을 기초로 다음과 같이 시행할 수 있다.

① AAC 평가 매뉴얼에서 선호도 조사를 통해 AAC 사용자가 선호하는 것들의 목록을 수집한다.
(※ 그 외 직접적으로 AAC 사용자에게 해당 사물이나 사진을 보여 주고 제스처, 발성, 카드 등으로 자신의 선호도를 표현하게 할 수도 있다.)

② 목록을 수집한 후 어느 상황에서 어떤 것을 선택하게 할지 결정한다.

③ 먼저 2개의 상징을 배열하고 선택하게 한다.
(※ 선택 항목을 배열할 때에는 ㉠ 선택 항목 모두 AAC 사용자가 선호하는 것을 배열하거나[Rowland & Schweigert, 2000], ㉡ 하나는 AAC 사용자가 선호하는 것을, 다른 하나는 선호하지 않는 것을 배열할 수 있다[Reichle & Wacker, 1993; Frost & Bondy, 2002]. 선택하기 중재 초반에는 하나는 AAC 사용자가 선호하는 것을, 그리고 다른 하나는 선호하지 않거나 상관 없는 것을 사용하는 것이 적절하다.)

④ AAC 사용자가 선택하기를 하면 해당하는 사물을 제공해 줌으로써 선택하기가 이해되고 강화되도록 한다.

⑤ 2개 상징 항목에서 선택하기가 가능하다면 배열 항목의 수를 점차 늘려 나간다.

〈글상자 3-5〉 **'선택하기' 의사소통판의 예**

• '선택하기' 중재 초반 의사소통판의 예

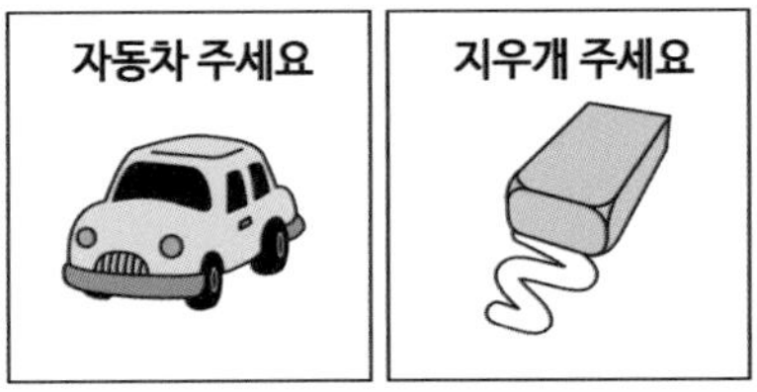

'선택하기'를 중재 목표로 설정한 후, 회기 초반에는 2개의 상징을 제시하여 하나는 AAC 사용자가 선호하는 것(자동차)으로, 다른 하나는 선호하지 않는 것(지우개)으로 판을 구성하여 선택하기를 하게 한다.

■ '선택하기' 중재 중반 의사소통판의 예

놀이와 관련해 선택하기를 할 수 있는 의사소통판을 제시하여 자신이 하고 싶은 것을 선택하도록 하고, 선택한 후에는 해당 활동을 할 수 있도록 한다.

〈글상자 3-6〉 '선택하기' 의사소통판의 예

• '선택하기' 의사소통 판의 예

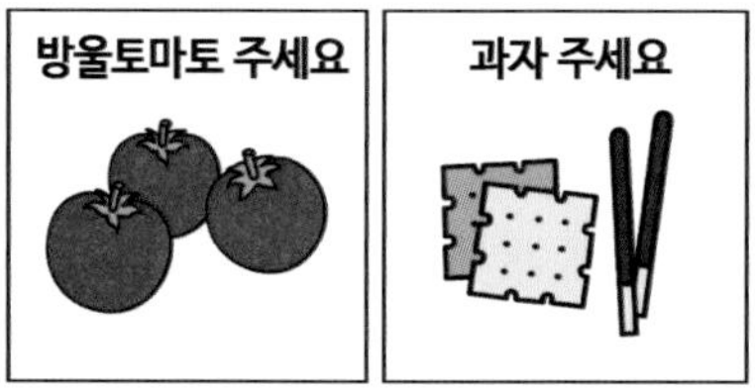

음식에만 관심을 보이는 자폐범주성장애 아동의 '요구하기' 의사소통판이다. 아동의 어머니에게 간단한 간식을 준비하게 하고 간식을 준비할 때 작게 잘라서 가져오도록 한다. 아동이 원하는 음식의 그림을 지적하거나 그림을 떼어서 가져왔을 때 해당 음식을 준다.

〈게임하기〉 

'게임해요'를 선택했을 경우, 어떤 게임을 할지 선택하도록 판을 제시해 준다.

〈노래 부르기〉 

이미지 출처: 조수진(2009), http://www.nurinori.com

'노래 불러요'를 선택했을 경우, 어떤 노래를 부르지 선택하게 한다.

〈그리기〉

'그림 그려요'를 선택했을 경우, 그림 그리기 시 필요한 재료를 선택하게 한다.

〈만들기〉

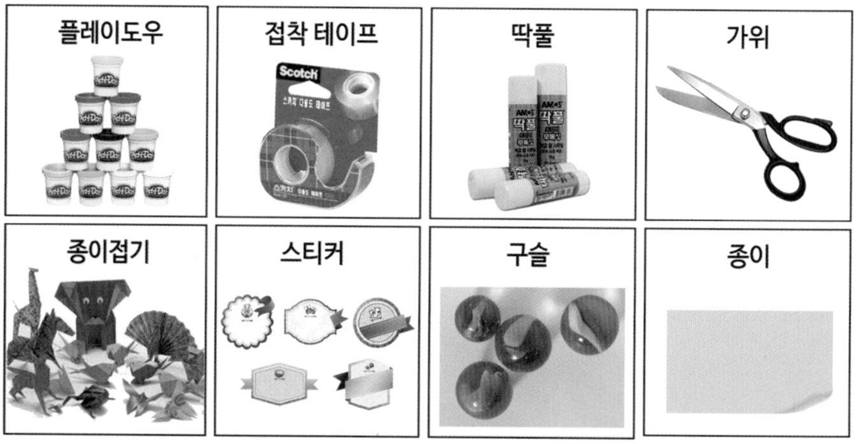

'만들기 해요'를 선택했을 경우, 만들기 재료를 선택하게 한다.

• 거부하기

AAC 기법을 사용하여 일반적이거나 특별한 형식으로 의사소통적 거부하기를 가르칠 수 있다. 일반적 형식은 제스처 취하기, 수신호 사용하기, 그림 상징 지적하기 및 건네 주기, 음성 출력 도구 누르기 등의 방식을 사용하여 '싫어요'를 제시하도록 가르치는 것이다.

일반적 거부하기 중재 절차는 Sigafoos 등(2002)이 제시한 방법을 기초로 다음과 같이 시행할 수 있다.

① AAC 평가 매뉴얼의 선호도 조사를 통해 선호하지 않는 항목이나 활동을 목록화하고 선택한다.
② '싫어요'를 표현할 수 있도록 의사소통 형태(제스처, 그림카드, 사진 등)를 선택한다.
③ 구조화된 상황에서 선호하지 않는 사물 및 활동을 제공하거나 잘못된 항목을 제공하고 '싫어요'를 표현하도록 유도한다.
④ 원하는 거부 반응을 할 수 있도록 촉진을 제공하는 한편, 시간이 지남에 따라 점차 촉진을 줄여 나간다.

거부하기가 적절하게 습득되면 지나치게 거부하기를 사용하지 않도록 거부하기를 수정하고 확장할 필요가 있다. 예를 들어, 거부하기를 할 수 없는 활동(예: 약 먹기, 학교 가기)에 표시를 해 놓고 표시해 놓은 것은 거부하기를 할 수 없다는 것을 인식시킨다든지, 거부하기를 했을 때 협상(예: "이거 하고 쉬자.")을 하도록 중재할 수 있다.

- '예/아니요' 가르치기

많은 사람이 AAC 중재를 할 때 '예/아니요' 개념을 먼저 가르쳐야 한다고 생각하지만, Cress와 Marvin(2003)에 따르면 '예/아니요' 반응을 요구하는 질문을 사용하는 것은 단지 신체적 반응 수단에 제한이 있는 사람뿐 아니라 '예/아니요' 개념에 대해 이미 안정된 이해 능력을 가진 사람에게도 광범위한 의사소통 메시지를 촉구하기에 효율적인 방법이다. 그리고 '예/아니요' 질문에 답하는 것은 일반적으로 18개월부터 3세까지 발달되는 의사소통 기술이다. Fenson 등(1993)은 보통 2세까지 약 100단어 이상의 수용 어휘를 가지고 두 가지 상징 개념을 조합하기 시작하면서 다양한 목적을 위한 언어 사용 경험을 상당히 많이 갖고 난 후에야 안정적인 '예/아니요' 반응을 언어학적 개념으로 갖게 된다고 하였다. '예/아니요'를 가르치는 방법은 다음과 같다(Reichle et al., 1984).

① 선호하는 항목들이 담긴 쟁반을 보여 주면서 "뭘 원해?"라고 묻는다.
② 선호하지 않는 항목들이 담긴 쟁반을 보여 주면서 "하나 줄까?"라고 묻는다.

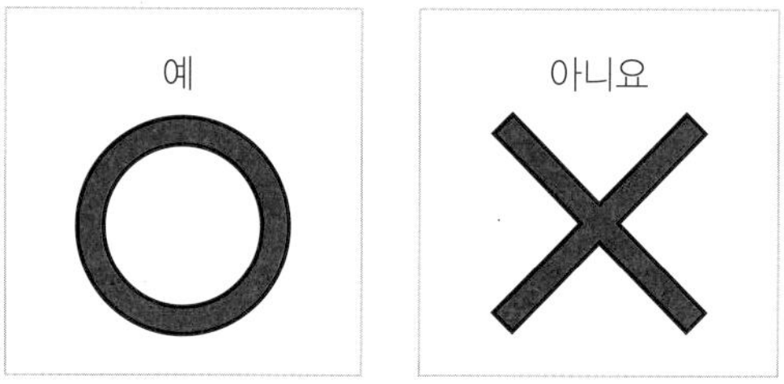

[그림 3-1] 예/아니요 상징의 예

3) 3단계 의사소통자

(1) 중재 목표

3단계 의사소통자는 이미 상징으로 의사소통을 하고 있는 단계이기 때문에 AAC 사용자가 현재 사용하고 있는 상징을 파악하여 인지적으로 높은 단계에 있는 상징으로 전환시켜 주는 것을 목표로 한다. 예를 들어, 사진으로 의사소통을 하고 있는 AAC 사용자의 경우 선화로, 선화로 의사소통을 하고 있는 경우 글자로 의사소통할 수 있도록 목표를 설정한다. 이 단계에서 최종 목표는 글자로 의사소통할 수 있도록 하는 것이기 때문에 글자를 염두에 두고 중재해야 한다. 이 단계 의사소통자의 AAC 중재 목표는 다음과 같다.

① 의사소통 기능 중 AAC 사용자에게 나타나지 않는 기능을 파악하여 목표로 설정한다.
② 일부 발화가 나타나는 AAC 사용자에게는 조음음운 능력을 향상시키는 것을 목표로 설정할 수 있다.
③ AAC 사용자의 수용 및 표현 어휘를 파악하여 증진시킨다.
④ 구문론적 분석을 통해 AAC 사용자에게 나타나지 않는 구문 중 우선적으로 필요한 유형을 선택하여 목표로 설정한다.
⑤ 의미론적 분석을 통해 AAC 사용자에게 나타나지 않는 의미 유형 중 우선적으로 필요한 유형을 선택하여 목표로 설정한다.

(2) 중재 전략

1 의사소통 능력 강화를 위한 대화 기술 중재

㉮ 의사소통 시도(화제 구성 및 농담 등)

▶ 소개 전략

사람을 처음 만났을 때 간단하게 자신을 소개할 수 있는 방법과 기술을 가르쳐야 한다. AAC 사용자는 주로 ① 자신에 대한 기본적인 신상 정보, ② 자신의 의사소통 수단에 대한 정보, ③ 상대방이 상호작용을 촉진하기 위해 할 수 있는 것에 대한 정보의 소개 메시지를 필요로 한다.

[그림 3-2] 소개 전략 의사소통판의 예

▶ 대화 시작과 화제 설정 전략

대화 시작과 화제 설정 전략은 AAC 사용자가 대화를 시작하고 화제를 구성하도록 돕는다. 다음에서 제시하는 자투리 모음책, 화제 구성 카드, 농담 카드 등이 대화를 시작하도록 도울 수 있다.

자투리 모음책은 각 환경의 사진 및 그 장소를 기념할 수 있는 물건 등을 모아 놓은 것으로서, "주말에 뭐 했어요?", "어디 놀러 가고 싶어요?" 등의 질문에 답하고 과거 사건에 대한 대화를 시작 및 유지할 수 있도록 돕는다. 자투리 모음책 활용의 일반적인 전략은 다음과 같다.

① 책을 사용할 때 '정확한 질문'은 하지 말아야 한다. 예를 들어, "어제 어디를 제일 먼저 갔는지 말해 보세요.", "다음은 뭐 했나요?" 같은 질문은 AAC 사용자에게 흥미있는 질문이 아니기 때문에 자투리 모음책을 싫어하게 만들 수도 있다.

② AAC 사용자가 재미있어 하는 것을 사용할 때나 관심을 보일 때 책을 활용한다.

③ 자투리 모음책과 관련된 장소와 활동에 대해 말하도록 격려한다.

④ 책을 항상 가까이에 놓고 AAC 사용자가 언제든지 이용할 수 있도록 한다.

⑤ 책에 나타나 있는 장소와 활동에 대해 이야기한다.

⑥ 책을 가져와 최근에 있었던 일에 이르기까지 책을 보듯이 이야기한다.

화제 구성 카드는 흥미로운 화제를 제공하는 접착식 메모지나 색인 카드 위에 그려진 간단한 그림 및 상징을 말한다(Musselwhite & St. Louis, 1988). 예를 들어, 의사소통판에 '어떤 프로그램 좋아하세요?', '대통령 선거 투표하셨나요?' 등을 넣어 두는 것이다.

〈글상자 3-7〉 대화 시작과 화제 설정 전략의 예

• 자폐범주성장애 아동의 자투리 모음책 및 의사소통판의 예

자투리 모음책은 특수교사가 AAC 사용자의 부모에게 학교에서 일어난 일들에 대해 보고하고, 부모는 그에 피드백을 줄 수 있도록 한 학기 동안 쓴 책이다. 이 책의 내용을 활용하여 AAC 사용자가 의사소통 시도를 할 수 있도록 한다.

농담 카드는 수수께끼나 농담을 의사소통판에 넣어 두는 것이다. 예를 들어, '감은 감인데 못 먹는 감은?' 등을 의사소통 판에 넣어 둔다. 〈글상자 3-7〉은 대화의 시작을 위해 사용한 자폐범주성 장애 아동의 자투리 모음책의 예다.

㈏ 의사소통 복구

의사소통 시 메시지의 명료성, AAC 에 대한 비친숙성 등의 여러 가지 이유로 의사소통 단절이 일어난다. 이러한 의사소통 단절을 회복하기 위해 때때로 대화 복구 전략이 필요하다. 의사소통 복구 전략에는 두 가지 기본적인 반복(repetitions)과 수정(modifications)이 있다(Halle, Brady, & Drasgow, 2004). 다음은 Halle 등(2004)이 제시한 복구 전략의 지도 방법을 수정 발췌한 것이다.

① AAC 사용자의 의사소통이 단절되는 상황을 관찰하고 그 상황을 파악한다.
② 상황에 따라 의사소통 복구를 위한 메시지를 의사소통판에 넣는다. 의사소통 복구 전략은 최소 두 가지 이상의 복구 전략을 활용할 수 있도록 한다. 그 이유는 하나의 복구 전략을 사용하다가 실패할 경우의 대안을 마련해 주기 위함이다.
③ 의사소통 단절이 일어나는 상황을 스크립트로 만들어 연습을 해 보거나, 치료 시 자연스럽게 의사소통 단절이 일어날 때 의사소통 복구를 위한 메시지를 누르거나 선택하도록 유도한다.
④ 복구를 의미하는 행동이 제시되면 바로 적절한 반응을 보이도록 한다.
⑤ 의사소통 단절의 반응으로 나타나는 문제행동은 가능한 한 무시한다.
⑥ 새로운 복구 전략 사용을 모니터하고 필요한 경우 추가적인 전략을 가르친다.

㈐ 감탄사, 언급하기 등

대화 상대자의 언급이나 진술 뒤에 따라오는 '멋져.', '안돼.', '대단해.'와 같은 감탄사들을 중재하기 위해서는 일반 사람들이 쓰는 감탄사나 언급하기 어휘 목록을 파악하여 AAC 사용자가 선호하는 어휘들을 의사소통판에 탑재해 줄 수 있다.

2 형태 및 구문

AAC 사용자에게 문법 형태소와 구문을 목표로 중재할 경우에는 일반 언어치료와 동일한 방법으로 중재하되, 각 문법에 대한 해당 상징을 제시해야 한다. 보통 문법에 관한 상징을 따로 제작한 후 훈련하는 데 어려움이 있고, AAC 사용자에게 문장을 정확하게 표현하는 것이 중요하지 않기 때문에 글자 습득 이후에는 문법 형태소 및 구문을 훈련시키는 것이 효율적이다.

▶ AAC 사용자를 위한 문법 중재 방법

▷ 문법 규칙 설명하기 순서

① 목표 문법에 대해 설명해 준다.
② 목표 문법이 들어간 문장을 제시하고 목표 문법이 문장의 어디에 있고 어떻게 쓰이는지 인식시킨다.
③ 목표 문법에서 규칙을 설명해 준다.
④ 목표 문법에서 일반적으로 자주 오류를 보이는 예시를 제시하고 왜 틀렸는지 설명해 준다. 그 후 규칙을 다시 설명해 준다.
⑤ 오류가 있는 문장을 제시하고 같이 수정해 본다.

▷ 문법 수정 과제 순서

① 보드에 문장을 쓰고 크게 읽도록 한 후 맞는지 틀린지 물어 본다.
② 문장에서 문법적으로 맞는지 틀린지 판단하게 한다.
③ AAC 사용자가 대답한 것에 따라 피드백을 준다.
④ 만약 AAC 사용자가 틀렸을 경우, 보드에 규칙을 다시 써 주고 AAC 사용자와 함께 문법 규칙을 다시 확인한다. 그리고 어떻게 문장에 규칙이 적용됐는지 설명해 준다. 문법에 관한 중재 목표를 설정할 때는 다음 〈표 3-4〉를 참고하여 목표 문법을 설정할 수 있다.

3 문해력

문해는 읽고 쓸 수 있는 능력을 말한다. 읽기는 글로 쓰인 텍스트를 보고 의미를 구성해 내는 과정이고, 쓰기는 텍스트를 의미 있게 구성함으로써 발생하는 총체적이고 실제적인 의사소통 과정이다. AAC 사용자에게 읽기와 쓰기를 배우는 것은 어려운 과정인데, 이들이 가지고 있는 언어, 인지, 감각, 운동 문제 등이 특히 문해 학습을 더욱 어렵게 만든다.

㉮ 읽기

읽기는 음운 인식, 글자 소리 대응, 자모음 원리, 단어 인지, 해독, 단어 학습, 유창성, 어휘, 이해

〈표 3-4〉 문법형태소의 유형

유형	문법형태소		
복수	−들, −희		
격조사	주격		−가, −이
			−은, −는
	목적격		−을, −를
	관형격		−의
	부사격	처소	−(으)로, −에, −에게, −한테
		도구	−로(써)
		비교	−과, −처럼,−만큼, −보다
		동반	−와, −하고, −(이)랑
		변성	−로
		인용	−(라)고
	서술격		−(이)다, −이요, −인지
	보격		−가
	호격		−야
접속조사	−하고, −이며, −에다, −랑		
보조사	−는		
	−도		
	−만		
시제	현재형		−ㄴ, −는−
	과거형		−었−, −았−, −였−
	미래형		−겠−, −(으)ㄹ
태	피동형		−이−, −히−, −리−, −기−
	사동형		−이, −우−, −기−
존대	−(으)시−, −세−, −요		
문장어미	평서문		−다
	감탄문		−구나
	의문문		−냐, −니, −ㄹ까−, 요
	명령문		−(아, 어, 거)라, −게
	청유문		−자, −(으)라
파생	명사형		−기, −이
	관형형		−은, −ㄴ
	부사형		−게

출처: 김영태(2014).

로 구성된다(Bos & Vaugn, 2002). 음운 인식은 구어를 작은 단위로 나눌 수 있는 지식을 말하고, 음운 기술은 소리 변별하기, 자모음 확인하기, 운율 맞추기, 소리를 조합하여 단어 만들기 등을 포함한다. 읽기 중재를 할 때는 다음과 같은 요인을 고려해야 한다. 다음은 신수정, 한경임(2009)에서 제시한 전략을 수정 발췌한 것이다.

① AAC 사용자의 읽기 수준에 맞는 책을 가지고 있어야 한다.
② 책을 선택할 때에는 AAC 사용자의 관심과 연령을 고려해야 한다.
③ AAC 사용자들은 활자 처리에 어려움이 있기 때문에 텍스트 형식을 수정(예: 글자 크기 확대, 줄 간격 넓히기, 문장 수 줄이기 등)해야 한다.
④ 글자를 모르는 AAC 사용자들을 위해 글자와 해당 글자의 그림 상징을 같이 제공하여야 한다.
⑤ 책을 독립적으로 다루기 위한 독서대, 페이지 넘기기 도구, 전자적 도구와 같은 보조도구를 통해 독립적으로 텍스트에 접근해야 한다.
⑥ AAC 사용자들이 읽고 있는 텍스트에 대한 의견을 공유하기 위해 의사소통판이 있어야 한다.

그림-단어 중재는 초기 상징기에 있는 3단계 의사소통자들에게 일견단어(sight word) 읽기 능력을 증진시킬 수 있다. 만약 AAC 사용자가 책 읽기에 흥미를 보이지 않는다면, 이들이 선호하는 것과 관련하여 선택하기를 사용할 수 있다. 예를 들어, AAC 사용자에게 좋아하는 음식이나 활동 등을 글자로 선택하게 유도하는 방법을 제공해 준다면 읽기를 배우는 것에 더욱 흥미를 갖게 될 것이다. 또한 읽기 중재 시 일상생활에서 볼 수 있는 상표, 포장지에 쓰여 있는 글자들, 간판, 메뉴판 등을 제시해 줌으로써 읽기 흥미를 유도해 볼 수 있다. AAC 책 읽기 중재는 다음과 같다.

우선, AAC 책 읽기에서는 적절한 책을 선정해야 하고, 지나치게 읽기를 강요해서는 안 되고, 하나의 재미있는 활동이어야 한다.

① 언어치료사가 책을 읽는 동안 책에서 AAC 상징을 함께 짚는다. 함께 책을 읽으며 상징을 지적하는 활동은 소리와 그림을 매칭시키고 의미를 이해하는 데 도움이 된다.
② AAC 사용자가 AAC 책에 있는 것과 같은 상징을 가지고, 언어치료사는 AAC 도구에서 AAC 사용자가 상징을 지적하도록 촉구한다.
③ 언어치료사는 책을 큰 소리로 읽고, AAC 사용자는 자신의 AAC 도구에서 상징을 지적한다.
④ AAC 사용자의 참여를 촉진하여 상징 짝짓기를 한다.

⑤ AAC 사용자가 상징 짝짓기를 정확하고 지속적으로 하게 되면, 언어치료사는 책에 있는 상징을 덮고 AAC 사용자에게 통글자만 보여 주며, 그것을 읽어 주면서 상징을 지적하게 한다. 예를 들어, 언어치료사가 통글자를 짚으며 큰 소리로 "우유."라고 하면 AAC 사용자는 상징을 사용하여 읽기에 참여한다.

⑥ 언어치료사는 AAC 상징을 덮은 후 아동에게 AAC 상징을 이용해 문장을 읽고 말하도록 요구한다.

⑦ 언어치료사가 이야기를 읽는 동안 문장을 제시하여 말하는 단어와 인쇄된 단어에 상징을 짝짓도록 한다.

⑧ AAC 사용자에게 인쇄된 단어나 말하는 단어와 일치하는 AAC 상징을 지적하도록 함으로써 특정한 단어, 구, 문장이나 이야기를 큰 소리로 읽도록 한다.

〈글상자 3-8〉 **상징으로 수정된 책의 예**

• 책 읽기 활동의 예(그림–단어로 수정된 책)

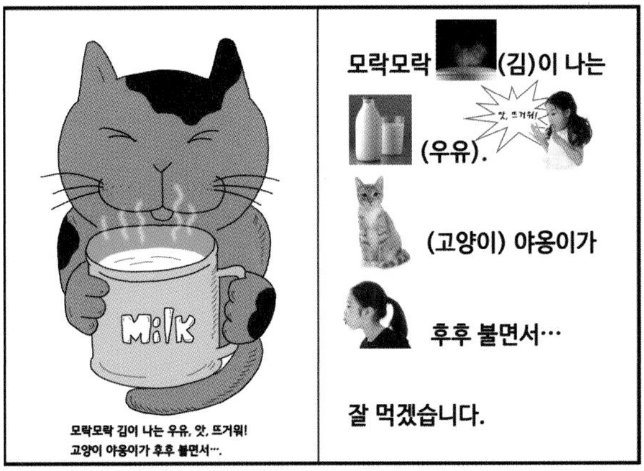

이 자료는 『냠냠 식사 놀이』(기무라 유이치 저, 김미형 역, 2008, 웅진미디어)의 내용을 상징으로 수정하여 AAC 사용자에게 제공한 것이다. 우선 해당 책을 모두 스캔하여 왼쪽에는 원래 책의 그림을 넣고, 오른쪽에는 글을 상징으로 바꾸어 제시하였다. 책 읽기 활동이 끝나면 책 읽기 의사소통판을 제공하여 책에 관련한 질문을 하고 대답할 수 있도록 하였다.

• 읽기 향상을 위한 책 읽기 외 활동(동요, 연극)의 예: 〈곰 세 마리〉

이 자료는 노래를 좋아하는 AAC 사용자에게 동요 가사를 상징으로 바꾸어 주어 AAC 사용자가 이해 및 표현을 할 수 있도록 수정한 것이다. 또한 노래를 마치고 해당 상징을 제시하여 소리와 상징을 짝지어 보도록 하면서 노래에 포함된 어휘를 이해 및 표현하도록 유도하였다. 배운 상징은 다른 활동에서 사용하면서 어휘 이해 및 표현을 확장하도록 하였다. 동요 가사를 상징으로 수정하여 가르칠 때에는 가능하다면 율동과 함께 불러 보는 것도 좋다. 율동을 하면서 낱말(소리, 글자)과 몸짓, 제스처를 연결시킬 수 있는 좋은 방법이기 때문이다. 동요를 부를 때에는 AAC 사용자가 잘 참여할 수 있도록 노래나 활동의 속도를 늦추고, 지금 현재 어느 소절을 부르고 있는지 손가락으로 가리키면서 불러 주도록 한다.

• 읽기 향상을 위한 책 읽기 외 활동(동요, 연극)의 예: 〈여우누이〉

 	(여우누이)
등장인물	 해설,  엄마,  아빠,   여우누이,  첫째,  둘째,  셋째,  소,  말,  돼지 1, 2, 아이 1, 2,  자라, 용왕, 용왕 딸,  똥 1, 2
해설 	옛날 옛날 어느 마을에  아들 셋을 가진 부부가  살고 있었어요. 이 부부는 평생  예쁜  딸 하나 낳는 게 소원이었답니다.

<table>
<tr><td></td><td>비나이다, 비나이다. 더도 말고 덜도 말고  여우같이
 예쁜  딸 하나만 낳게 해 주십시오.</td></tr>
<tr><td colspan="2">중 략</td></tr>
<tr><td></td><td>(  여우누이를 가리키며)
제가 밤새 두  눈으로 똑똑히 지켜봤는데
저 아이가  소의 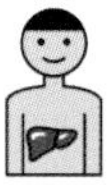 간을
쑥  꺼내 우적우적  씹어 먹었어요.</td></tr>
<tr><td></td><td>뭣이라! 네가 하나뿐인 네  여동생을 모함하느냐?
말도 안 되는 소리 집어치워라! 꼴도 보기 싫다. 당장 나가거라.</td></tr>
<tr><td colspan="2">중 략</td></tr>
<tr><td>
</td><td> 오라버니 한 끼, 말 한 끼.
난 꼭  오라버니를 꿀꺽 잡아먹을 거야.  맛있겠다!</td></tr>
</table>

셋째 	여우  정말 끈질긴 여우군. 불  불바다를 만들어라 얍!!! 불 ( 불이 나타나고)
여우  누이 	여우 으아아악~  여우 살려~~~~
해설 	여우  누이  여우누이는 결국 죽었어요  죽고 셋째  셋째는  용궁으로 돌아가 부인과  행복하게 잘 살아요  살았답니다.

이 자료는 AAC 사용자가 학교에서 학기말 연극 프로젝트로 '여우누이'라는 연극을 할 때 준비한 것이다. AAC 사용자가 연극의 내용을 이해하고 자신의 대사 차례와 대사를 표현할 수 있도록 연극 대본을 그림 상징으로 수정해 주었다.

〈글상자 3-9〉 **문해력 학습을 위한 읽기 자료의 예**

 의 일기

2013년 5월 25일 수요일

어젯밤에  (아이스크림) 을 많이 먹고 잠을 잤다.

오늘 아침에 일어나니  (배가 너무 아팠다).

그래서 학교에 못 가고  (병원)에 갔다.

 (병원)에서 진찰을 받고  (주사)를 맞았다.

 (엄마)는 몸이 아프면 내일 수련회에  (갈 수 없다고 하셨다).

나는 수련회에 꼭 가고 싶은데 몸이 아파서  (너무 속상했다).

다음부터는 찬 음식을 많이 먹지 말아야겠다.

㉯ 쓰기

AAC 중재에서의 쓰기(typing)는 자판 입력을 위한 훈련 방법을 포함한다. 이는 일반적으로 철자(spelling)를 중재하는 방법과 공통된 부분이 많다. AAC 사용자들은 자모음판 혹은 철자 기반의 기기들을 사용하여 철자를 훈련하거나 의사소통할 때 사용하게 된다. 철자 기반의 의사소통은 AAC 사용자들이 언제 어디서나 자신의 생각을 정확하게 표현할 수 있도록 해 주기 때문에 철자 및 자판 입력 훈련이 중요하다. AAC 사용자를 위한 한글 자판 입력 훈련 방법의 예는 다음과 같다.

▶ AAC 사용자를 위한 한글 자판 입력 훈련 방법(단어 수준까지)

① 낙서와 글자 변별하기

② 통글자

㉠ 반복적인 단어에의 노출 경험으로 단어의 시각적 형태를 기억하도록 훈련

㉡ 사물-통글자 연결 과제

③ 음운 인식(탐지)

㉠ 글자판(음소가 제시되어 있는 판)을 제시하고 AAC 사용자가 좋아하는 음식명, 제품명(예: 과자 봉지에 붙어 있는 과자명), 좋아하는 장소명(예: 마트 간판)을 제시하고 자판으로 이름을 써보면서 음소 인식 및 글자에 대한 흥미와 동기를 유발시킨다.

㉡ 글자판(음소가 제시되어 있는 판)을 제시한 후 각 음소에 해당하는 소리를 듣고 해당 음소를 선택하도록 훈련한다.

㉢ 주변에 있는 글자를 보고 목표 음소가 있는지 찾기를 훈련한다.

④ 음운 인식(합성 및 대치)

㉠ 자모음을 합성하면 어떤 소리가 산출되는지 패턴을 알려 준다.

㉡ 글자판(자모음이 제시되어 있는 판)을 제시하고 목표 소리를 들려 준 후 해당 음소를 순서에 맞게 누르도록 한다.

㉢ 목표 음절이 들어 간 그림 카드를 제시하면서 소리를 듣고 글자판을 누르게 한다.

㉣ 주변에 있는 글자를 보고 목표 음절이 있는지 찾기 훈련을 한다.

⑤ 단어

㉠ 단어를 듣고 글자판을 누르게 한다.

㉡ 그림 카드를 보고 해당하는 글자를 누르게 한다.

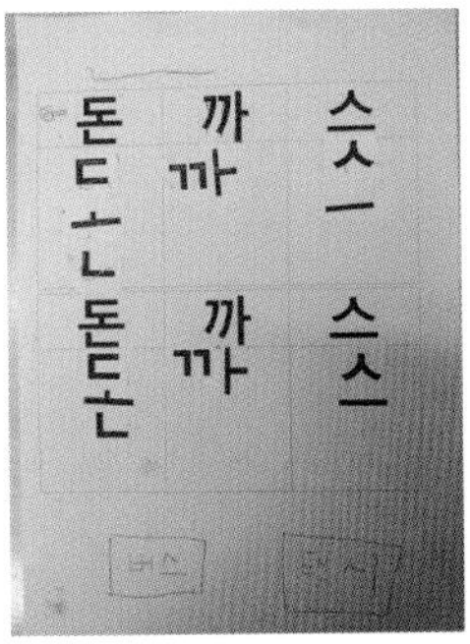

[그림 3-3] 음소 인식 훈련의 예(발달장애 아동의 음소 인식 훈련 학습지)

〈글상자 3-10〉 문해력 학습을 위한 읽기 자료의 예

• 글자판의 예

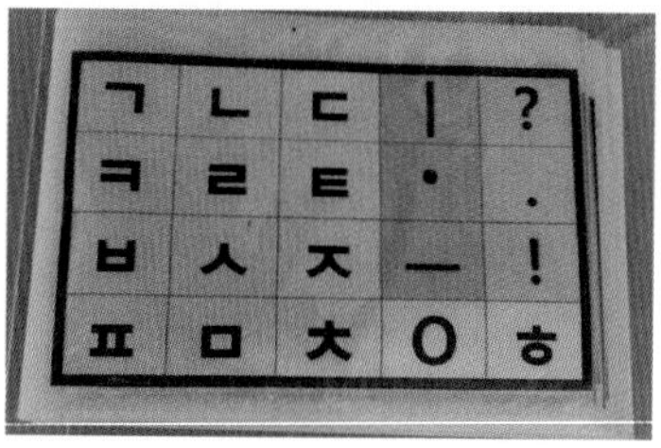

이것은 AAC 사용자가 빠르게 글자로 표현할 수 있도록 천지인을 기초로 하여 글자판을 만들어 준 것이다. 또한 자모음, 문장 부호를 색깔로 구분하여 좀 더 정확하고 빠르게 글자 및 문장을 구성할 수 있도록 하였다.

자판 입력을 통해 의사소통을 하는 경우 일반적으로 구어로 말할 때보다 속도나 효율성이 떨어지기 때문에 단어 예측이나 줄임말 등 몇 가지 전략을 사용하기도 한다. 철자 기반의 AAC 중재 시 다음과 같은 것들을 고려해야 한다.

- AAC 사용자가 어떻게 철자를 하는가?
- AAC 사용자가 오타를 보였을 때 스스로 고칠 수 있는가?
- 이 AAC 사용자에게 가장 적절한 키보드 형식은 무엇인가?
- AAC 사용자가 매우 빠르게 의사소통하는 것이 필요한가?
- 어떤 속도 강화 전략(미리 저장해 놓은 문장, 줄임말, 단어 예측 기능)이 AAC 사용자에게 유용한가?
- 키보드나 자모음의 크기는 어느 정도여야 하는가?

단어 예측 기능은 AAC 사용자가 자판을 입력할 때 단어나 문장을 예측해 주는 것을 말한다. 단어 예측 기능은 AAC 사용자의 단어 입력 수를 줄여 주어 자판 입력 시간을 단축시켜 줄 수 있다. 그러나 AAC 사용자가 단어 예측 기능을 사용할 때에는 단어를 입력한 후 예측된 단어들을 살펴보고 그중에서 선택해야 하기 때문에 단어를 살펴보는 시간이 긴 사람일 경우에는 전체 문장을 타이핑하는 것이 시간이 더 적게 걸릴 수 있다.

2. 의사소통 사용 환경에 따른 중재

1) 가정

(1) 중재 목표 및 대화 상대자

가정 환경에서의 AAC 중재 목표는 가정에서 대화 상대자와 의사소통할 수 있는 것을 목표로 한다. 가정에서의 대화 상대자는 주 양육자, 형제자매, 보호자 등이 있는데, 이들을 중재하는 것은 중요하다. AAC 사용자에게 가정은 가장 오랜 시간을 보내는 환경이고, 따라서 부모 및 보호자가 AAC 중재를 실시하는 것은 의사소통 촉진을 보다 효과적으로 만들어 줄 뿐만 아니라 가정 내에서의 일반화도 가능하게 한다.

〈표 3-5〉 가정 환경에서의 중재 목표 및 대화 상대자

중재 목표	• AAC 사용자가 가정에서 일어나는 자연적 일과를 이해하고 자발적으로 수행할 수 있도록 한다. • 가정 환경에서 필요한 어휘를 이해하고 표현하도록 한다. • AAC 사용자가 자연적 일과에서 자발적으로 의사소통할 수 있도록 한다.
대화 상대자	• 주 양육자, 형제자매, 보호자 등

(2) 가정에서의 중재의 예

〈표 3-6〉 자연적 일과에서의 시각스케줄의 예

자연적 일과의 예	장소	시각스케줄의 예
씻기	화장실	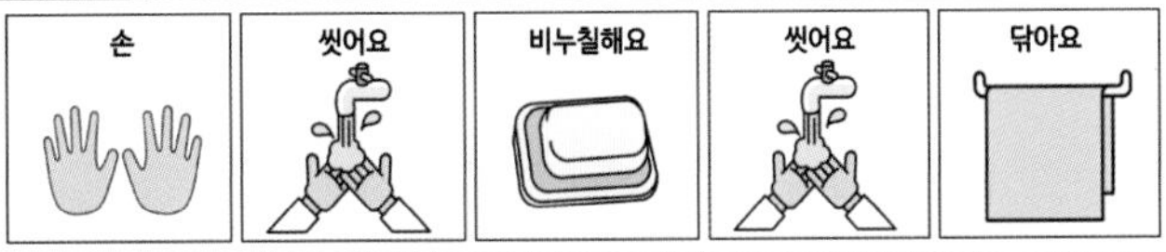
옷 입기	방	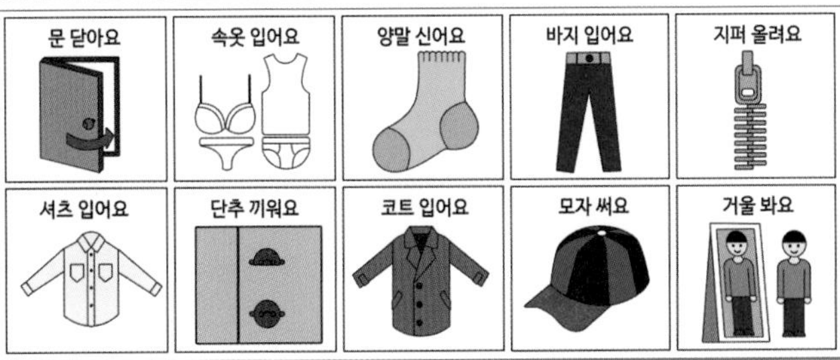

〈표 3-7〉 자연적 일과에서의 의사소통판의 예

<table>
<tr><th>자연적 일과의 예</th><th>의사소통판의 예</th></tr>
<tr><td>기상하기</td><td>

</td></tr>
<tr><td>식사하기</td><td>

</td></tr>
<tr><td>옷 입기</td><td>

</td></tr>
</table>

〈글상자 3-11〉 가정에서 AAC를 시작하기 위한 아이디어

1. 아침식사 메뉴판을 만드세요. 식탁 매트나 냉장고 문에 붙이고 AAC 사용자에게 그림을 가리키는 동안 "우리 시리얼 먹을까, 와플 먹을까?" 하고 물어 보세요.
2. 욕조에 거울을 놓으세요. AAC 사용자나 가족이 샴푸 거품으로 만들 수 있는 헤어스타일이나 동물 귀(예: 강아지, 유니콘) 등을 선택하도록 하세요.
3. 벨크로나 자석에 가족의 사진을 붙이세요. AAC 사용자가 그것을 강아지 집 그림 안이나 밖으로 움직이게 하세요. (예: "아빠가 지금 문제가 생겼어요!")
4. 커다란 가족 달력 그림을 그리세요. 무슨 일이 일어날 것인지, 우리가 무엇을 했는지 설명할 때 그것을 이용하세요(예: "오늘은 주일이야." 또는 "할머니댁에 갔던 거 기억하니?").
5. 리모컨을 숨기세요. 또는 리모컨의 전지를 빼고 '채널 변경'이나 '나는 뉴스를 싫어해요' 그림을 붙이세요. AAC 사용자는 채널을 바꾸기 위해 누군가에게 그것을 건네요. (예: "형에게 가서 〈뽀로로〉 할 시간이라고 말해.")
6. 비디오테이프를 AAC 사용자의 손이 닿지 않는 곳에 놓으세요. AAC 사용자가 좋아하는 그림 메뉴를 만들고 AAC 사용자가 그것을 가리킬 수 있는 곳에 놓으세요.
7. 서랍장 앞이나 옷장 문에 AAC 사용자가 좋아하는 몇 가지 옷 종류 그림을 붙이세요. 또는 좋아하는 것과 덜 좋아하는 것으로 시도해 보세요. 그림을 가리키면서 "이것을 원하니? 아니면 이거?"라고 물어 보세요.
8. 쇼핑 목록 그림을 만드세요. 그려진 것들을 얻기 위해 한 번에 한두 개일지라도 AAC 사용자가 당신에게 상기시킬 책임이 있다는 것을 말해 주세요.
9. 패스트푸드 식당의 그림 메뉴판을 구하세요. 집에서 놀이 활동에 그것을 이용하면서 AAC 사용자와 가족이 번갈아 주문하세요.
10. '쓰레기통에'와 '치우기' 그림을 만드세요. AAC 사용자가 가족에게 음식을 치우거나 탁자를 치우는 지시를 하도록 하세요.
11. 레고 그림 의사소통판을 만드세요. AAC 사용자가 레고로 무언가를 할 때 말로 설명하세요(예: '괴물 만들기, 빌딩 짓기, 파괴하기, 다시 만들기'). 레고나 블럭을 사용할 때마다 그것을 꺼내어 AAC 사용자와 함께 노는 동안 그 그림을 가리키세요.
12. '책 읽기' 의사소통판을 만드세요. AAC 사용자가 가족에게 '책장 넘겨요'나 '다시 말해주세요'를 지시하도록 합니다.
13. 냉장고 문에 '열어요' 그림이나 몇 가지 좋아하는 그림을 붙이세요.
14. AAC 사용자가 좋아하는 장소들의 그림을 문 옆에 붙이세요(예: 그네, 유모차, 모래상자, 코트).
15. AAC 사용자가 자동차에서 들을 수 있도록 오디오테이프의 메뉴를 그림으로 만드세요. (필

요하다면 카세트 박스를 이용하세요). 그것을 차에 가져다 놓으세요.

16. AAC 사용자의 카시트 앞에 있는 좌석 뒤나 문 옆에 '안전벨트 풀어 주세요' 그림을 붙이세요. 벨트 푸는 것을 잊은 척 하세요. 웃으면서 오해한 듯 연기하세요.
17. 식사시간(스푼, 음료, 더 주세요, 맛없어요)에 대한 의사소통판을 만드세요. AAC 사용자의 접시에 음식 놓는 것을 잊거나 스푼 놓는 것을 깜빡 잊은 척 하세요.
18. 친구들의 폴라로이드 사진을 찍으세요. 그 사진들을 '착하다, 나쁘다, 아프다'가 포함된 한 페이지에 놓으세요. AAC 사용자는 그 친구들의 행동들에 대해 보고하는 것을 좋아합니다(여기서는 진실이나 정확성을 기대하지 마세요).
19. "가리켜 봐."나 "나에게 보여 줘." 등의 말을 사용하지 마세요. 그림의 사용을 설명할 때 항상 "말해."와 "이야기해."를 사용하세요(예: "네가 나에게 그것을 말해 줄 때가 좋아.").
20. 사진 앨범은 AAC 사용자에게 주제 설정자와 같은 역할을 할 수 있어요(예: 바닷가에 대해 말하고 싶니?"). AAC 사용자가 그것을 잡을 수 있고 가족에게로 가져올 수 있는 곳에 놓으세요.
21. AAC 사용자가 좋아하는 노래들 각각을 그림으로 만드세요. AAC 사용자가 집어 오면 가족은 노래를 부르며 같이 놀아 주세요. 그러다가 노래 부르는 것을 멈춘 후 AAC 사용자가 다시 시작하라고 말할 때까지 기다리세요("노래는 어떤가요?", "우리가 '중지'나 '당신의 노래는 내 귀를 아프게 해요'를 추가할 필요가 있나요?").
22. 만일 특이한 것을 좋아하는 AAC 사용자라면 그것에 대해 그에게 물어 보세요.
23. AAC 사용자가 무엇을 말해야 되는지(예: "당신 차례에요.", "나에게 주세요." 등) 알도록 돕는 게임 의사소통 보드로 '낚시하기' 놀이를 하세요. 단지 카드 한 벌로 3, 4 짝을 지어 놀 수 있습니다.
24. 의사놀이 의사소통판을 만드세요. 그것을 가지고 병원에서 검사할 때 의사소통할 수 있습니다. (예: "입을 크게 벌리세요.", "체중계에 올라가세요." 등).
25. 그 그림들에 대해 너무 걱정하지 마세요. AAC 사용자들이 동기화된 사건으로 그림을 그렸다면, 그 그림이 멋지게 그려졌는지 여부는 그리 중요하지 않습니다. 만일 AAC 사용자가 그림에 흥미를 보이지 않는다면 의미 있는 사물이나 큰 물체(예: 컵, 담요)를 사용할 수도 있습니다.
26. 작은 그림을 사용하되 AAC 사용자가 그것을 다룰 수 없다면 좀 더 크게 만드세요(2×2 그림을 사용할 수 있다면 5×7 그림은 사용하지 마세요).
27. 가능하면 흑백 그림들을 사용하세요. 그러면 다른 선택으로부터 그 그림을 구분하기 위해 중요한 특징들을 강조하려고 색깔을 사용할 수 있습니다.
28. 벨크로 의사소통판에 그림을 붙여 놓고 AAC 사용자가 그 그림을 건네 주도록 유도하여 상호작용을 촉진합니다.

29. 만일 AAC 사용자가 하나의 그림을 사용할 수 있다면, 그는 10개의 다른 상황에서도 한 개의 그림을 사용할 수 있습니다!
30. AAC 팀과 함께하고 서로 생각을 공유하세요. 함께하면 혼자 할 수 있는 것보다 더 많은 것을 수행할 수 있습니다.

출처: http://www.atp.vt.gov의 Vermont Assistive Technology Program (2008)에서 제시한 50가지 중 30가지를 발췌한 것임.

(3) 가정 어휘 목록

〈표 3-8〉 가정 어휘 목록의 예1

상황	목표 어휘
집	우리 집, 아파트, 집, 부엌, 화장실, 현관, 주소
음식	아침, 점심, 저녁, 밥, 국, 반찬, 김치, 생선
요리	음식, 부엌, 냄비, 그릇, 수저, 프라이팬
가전제품	전화기, 컴퓨터, 냉장고, 선풍기, 스탠드, 청소기
몸단장	옷, 화장, 로션, 거울, 안경, 모자, 신발
목욕	세수, 샤워, 비누, 샴푸, 치약, 칫솔
옷	바지, 치마, 양말, 속옷, 잠옷, 장갑, 점퍼
청소	청소기, 빗자루, 걸레, 쓰레받기, 세탁기
과일	감, 딸기, 귤, 참외, 수박, 바나나, 포도
이불	이불 주세요, 잠자고 싶어요, 같이 자요, 더워요
화장실	화장지, 비누, 오줌, 똥, 변기, 물, 추워요
식사도구	숟가락, 젓가락, 포크, 칼, 밥그릇, 국그릇, 접시, 쟁반

출처: 김소영(2002).

〈표 3-9〉 가정 어휘 목록의 예2

가정 내 의사소통 상황	논문 내 어휘	추가 어휘
텔레비전 시청하기	소리 크게 해 주세요, 소리 작게 해 주세요, 보고 싶어요, 만화 보고 싶어요, 재미있어요, 다른 것 보고 싶어요, ◯◯ 보고 싶어요, 채널 ◯번 보고 싶어요, 잠깐! 이거 볼래요	TV 켜 주세요, TV 꺼 주세요, 재미없어요, 무서워요, 봤던 프로그램이에요
컴퓨터 하기	컴퓨터, 마우스, 컴퓨터 켜요, 컴퓨터 꺼요, 재미있어요, 용지 끼워 주세요, 컴퓨터 공부하고 싶어요, 게임하고 싶어요, 마우스 해 주세요, 눌러 보세요	usb 꽂아 주세요, 저장해 주세요, usb 꺼내 주세요, 소리 크게 해 주세요, 소리 작게 해 주세요, 인쇄해 주세요
비디오(DVD) 보기	DVD 보고 싶어요, 앞으로 감아요, 전원(눌러요), 그만 보고 싶어요, DVD 넣어 주세요, 또 틀어 주세요, DVD, 재미있어요, DVD가 고장났어요, 다른 거 틀어 주세요	
아플 때 몸 상태 설명하기	배가 아파요, 머리가 아파요, 병원에 가고 싶어요, 여기 아파요, 약 주세요, 열나요, 손가락 베였어요, 다리가 부러졌어요. 피나요	
긴급한 상황 알리기	불 났어요, 119, 떨어져요, 데었어요, 도둑이 들어왔어요, 전화 왔어요, 경찰서, 소방서	
청소 및 정리정돈하기	닦아요, 제자리에 놓아요, 쓰레기 버려요, 정리해요, 쓸어요, 옷을 걸어요, 청소해 주세요, 깨끗해요, 걸레 빨아요, 빗자루	창문 열어요, 창문 닫아요, 더러워요
화장실 이용하기	소변(마려워요), 대변(마려워요), 휴지, 휴지 주세요, 남자, 여자, 손 씻어요, 비누, 다 했어요, 물 내려요	
옷 입기	양말(신겨 주세요), 모자(씌워 주세요), 단추 끼워요(풀어요), 옷 입을래요, 벗을래요, 지퍼 올려 주세요, 내복, 팬티, 점퍼, 바지	거울 볼래요, 옷이 작아요, 옷이 커요, 예뻐요, 멋있어요, 옷에 뭐가 묻었어요, 옷에서 냄새 나요, 다른 거 입을래요, 속옷 입을래요, 문 닫아 주세요
몸 치장하기	신발 신어요(신겨 주세요), 머리 빗겨 주세요, 끈 묶어요, 신발 벗어요, 머리 묶어요, 머리띠 해 주세요, 드라이해 주세요, 핀 꽂아 주세요, 구두 신고 싶어요	거울 볼래요, 왁스 발라 주세요, 예뻐요, 멋있어요
식사하기	밥(주세요), 맛있어요, 물 주세요, 배고파요, 잘 먹었습니다, 먹고 싶어요, 배불러요, 너무 뜨거워요, 너무 차요, 너무 매워요	국 주세요, 반찬 주세요, 숟가락 주세요, 포크 주세요, 젓가락 주세요, 작게 잘라 주세요, 더 주세요, 너무 싱거워요, 잘 먹겠습니다

간식 먹기	배고파요, 과자, 과자 주세요, 더 먹고 싶어요, 간식 주세요, 맛있어요, 먹고 싶어요	빵, 떡, 과일, 주스, 탄산음료, 우유, 요구르트, 아이스크림, 치킨 시켜 주세요, 피자 시켜 주세요
식사 준비돕기	도와드릴게요, 수저 놓을까요? 제가 할 게요, 행주로 닦을까요? 반찬 뚜껑 안 열려요, 이곳에 놓을까요?, 식탁을 닦아요, 컵에 물 따라요	제가 반찬 담을게요, 그릇 더 필요해요, 제가 밥 풀 게요, 제가 치울게요

출처: 이정은, 박은혜(2000).

2) 어린이집 및 유치원

(1) 중재 목표 및 대화 상대자

유아는 또래와 사회적 상호작용을 통해 여러 가지 사회적 기술을 습득하게 되지만, AAC를 사용하는 유아는 일반 유아에 비해 상호작용 능력이 부족하기 때문에 어린이집 및 유치원 환경에서 AAC 중재는 중요하다. 어린이집 및 유치원에서의 중재 목표는 AAC 사용자가 어린이집 및 유치원에서 대화 상대자와 의사소통할 수 있도록 하는 것이다. 이 환경에서의 대화 상대자는 일반교사, 특수교사, 특수교육보조원, 또래 등이다.

〈표 3-10〉 어린이집 및 유치원에서의 중재 목표 및 대화 상대자

중재 목표	• 어린이집 및 유치원에서 필요한 어휘를 이해하고 표현하도록 한다. • AAC 사용자가 어린이집 및 유치원의 일과에서 자발적으로 의사소통할 수 있도록 한다.
대화 상대자	• 일반교사, 특수교사, 특수교육보조원, 또래 등

(2) 어린이집 및 유치원 중재의 예

어린이집 및 유치원은 AAC 중재 중 또래 중재를 실시하기에 좋은 환경이다. 학령기 전 아동은 AAC 사용자에 대해 학령기 아동에 비해 부정적인 감정이나 편견이 적기 때문이다. 또래에게 AAC 사용자의 의사소통 방법, AAC를 사용하는 이유와 AAC 사용 방법을 설명해 주어야 하고, 아직 어리기 때문에 AAC 도구를 부주의하게 다루어 망가뜨릴 확률이 높으므로 주의점도 잘 설명해 주어야 한다.

〈글상자 3-12〉 어린이집 및 유치원 또래 중재의 예

또래 아동 1: "선생님, ○○이는 내가 말 시켜도 대답을 안 해요."
또래 아동 2: "선생님, ○○이는 자꾸 이상한 소리를 내요."
또래 아동 3: "선생님, ○○이는 자꾸 꼬집어요."

어린이집 및 유치원에 다니는 아동은 초반에는 AAC 사용자에게 자주 다가가서 말을 걸고, 놀이를 하려고 시도하는 등 AAC 사용자와 상호작용을 하려 하지만 AAC 사용자들은 일반 또래 아동이 알아들을 수 없는 발성, 제스처, 몸짓으로 표현하기 때문에 의사소통 단절이 일어나게 된다. 이처럼 AAC 사용자와 또래 간의 지속적인 의사소통 단절로 인해 또래 아동은 AAC 사용자가 자신을 싫어한다고 오해하는 경우가 많다. 따라서 언어치료사는 또래에게 AAC 사용자의 표현 양식을 설명해 주고 그 표현이 어떤 의미를 가지는지 설명해 준다.

언어치료사: "○○이가 대답을 안 하고, 소리를 내고, 꼬집는 것은 너희가 싫어서가 절대 아니야. 입으로 소리를 내기 어렵기 때문에 일부러 대답을 안 하는 것이 아니고 못하는 것이야. ○○이가 소리를 내는 것은 좋다고 표현하는 것이고, 꼬집는 것은 싫다고 표현하는 것이야. ○○이는 너희랑 조금 다르게 표현하고 있기 때문에 너희가 알아들을 수 없는 것이란다. ○○이랑 이야기하고 싶으면 너희가 표현하고 있는 방법으로 표현할 수 있게 도와줄 수 있어. ○○이의 대답을 듣고 싶으면 너희들이 조금 말을 천천히 해 주고 ○○이가 대답할 수 있게 이거(AAC 도구)를 누르거나 지적하도록 도와주면 돼. 그리고 이상한 소리를 낼 때에는 너희가 엄지손가락을 들고 '○○아, 좋아?' 라고 말해 주고, ○○이가 꼬집을 때에는 손을 흔들며 '○○아, 싫어?' 라고 말하면서 ○○이 손을 한 번 같이 흔들어 주면 ○○이는 싫을 때 꼬집지 않고 손을 흔들면서 싫다고 표현할 거야."

이 환경에서 또래 아동이 가장 빈번하게 묻는 것은 "왜 이걸 사용해요?"라는 질문이다.

또래 아동: "선생님! ○○이는 왜 (AAC 도구를 가리키며) 이걸 써요?

언어치료사: "너희들은 눈이 나빠서 잘 안 보이면 무얼 쓰지?"

또래 아동: "안경이요."

언어치료사: "그럼 귀가 잘 안 들리면 뭘 사용하지? 할머니, 할아버지들이 사용하시는 것을 본 적이 있을 거야."

또래 아동: "보청기요"

언어치료사: "그래. 눈이 나쁘면 안경을 쓰고, 귀가 잘 안 들리면 보청기를 끼듯이, ○○이는 입으로 말하는 것이 지금 어려워서 이런 도구를 쓰는 거란다."

〈글상자 3-13〉 어린이집 및 유치원에서의 의사소통판의 예

어린이집 및 유치원에서 각 영역 의사소통판을 만들어 제시해 주고 AAC 사용자에게 어느 영역에 가고 싶은지 묻고 대답하게 하였다.

(3) 어린이집 및 유치원 어휘 목록

〈표 3-11〉 어린이집 및 유치원 어휘 목록의 예

장소/상황	어휘 목록
현관	신발장, 실내화, 신발, 양말, 우산, 우산꽂이, 외투 엄마, 아빠, 집 인사
	안녕하세요, 안녕히 계세요, 안녕, 잘 가 신발을 신어요/벗어요, 기다려요, 들어가요/나가요 집에 가요
교실	색종이, 가위, 풀, 연필, 색연필, 물감, 붓, 스케치북, 찰흙 인형, 장난감, 풍선, 공, 책, 그림 동그라미, 세모, 네모 빨간색, 주황색, 노란색, 초록색, 파란색, 보라색 의자, 책상, 피아노, 텔레비전, 컴퓨터, 시계, 달력, 문 선생님, 나, 너, 친구, 짝 노래, 율동, 발표, 체조, 병원놀이, 시장놀이, 소꿉놀이, 만들기, 이야기, 동화 쉬는 시간, 낮잠 시간, 조용히 쓰레기통, 분리수거, 휴지
	해요, 만들어요, 오려요, 붙여요, 그림 그려요, 색칠해요, 발표해요, 싸워요, 놀아요, 노래 불러요, 율동해요, 체조해요, 공부해요, 게임해요, 책을 읽어요, 자요, 봐요, 앉아요, 일어서요, 옷 입어요, 옷 벗어요, 어디 있어요? 주세요, 다른 것 주세요, 불을 켜요/꺼요, 문을 열어요/닫아요, 소리가 커요/작아요, 시끄러워요, 어두워요, 밝아요, 추워요, 따뜻해요, 더워요, 깎아요, 가져와요, 갖다놓아요, 청소해요, 정리해요, 미끄러워요, 어려워요, 모르겠어요, 가르쳐 주세요, 힘들어요, 그만해요, 쉬어요, 재미있어요, 네, 아니요, 돼요, 안돼요, 맞아요, 아니에요, 좋아요, 싫어요, -하고 싶어요, 하기 싫어요, 다했어요, 더 해요, 미안해/죄송합니다, 고마워/고맙습니다
화장실	화장실, 변기, 휴지, 세면대, 물, 컵, 치약, 칫솔, 이, 비누, 슬리퍼, 수건, 거울
	쉬/응가하고 싶어요, 물 내려요, 손 씻어요, 뜨거워요, 차가워요, 닦아요
식당	물, 밥, 우유, 반찬, 숟가락, 젓가락, 포크, 컵, 식판, 그릇, 접시, 냉장고, 도시락, 간식
	-먹고 싶어요, 주세요, 더 주세요, 먹어요, 그만 먹어요 짜요, 싱거워요, 뜨거워요, 차가워요 맛있어요, 싫어요, 좋아요, 고맙습니다
놀이터	미끄럼틀, 그네, 시소, 모래 놀이, 장난감, 화분, 꽃, 물놀이, 공, 철봉
	놀이터에 가요, 공놀이해요, 소꿉놀이해요 타요, 올라가요, 내려가요, 잡아요, 던져요 물을 줘요 그만해요, 위험해요, 차례를 지켜요

강당	원장 선생님, 원가, 노래, 애국가, 국기에 대한 경례
	줄을 서요, 앉아요, 일어서요, 율동해요, 놀이해요, 걸어요, 뛰어요, 노래 불러요
양호실	피, 코피, 밴드, 감기, 콧물, 열, 기침, 약, 구토
	도와주세요, 아파요, 힘들어요, 다쳤어요, 불편해요 넘어졌어요, 피가 나요, 따가워요, 열나요, 메스꺼워요 약 주세요, 발라 주세요
기타	현장학습/소풍, 학예회
	현장학습/소풍 가요, 견학해요, 관찰해요, 놀아요, 사진 찍어요, 버스 타요 기뻐요, 슬퍼요, 나빠요, 화가 나요

3) 학 교

(1) 중재 목표 및 대화 상대자

중재 목표는 AAC 사용자가 학교 일과를 이해하고 자발적으로 수행할 수 있도록 하고, 학교 관련 어휘를 이해 및 표현하도록 한다. 또한 교과 과정을 이해하고 교과 활동에 참여하며, 대화 상대자와 자발적으로 의사소통할 수 있도록 하는 것이 목표가 된다. 환경을 구체적으로 상황별로 살펴보면, 일반학교의 통합학급, 특수학급 그리고 특수학교 환경으로 구분하여 살펴볼 수 있다. 이와 관련된 대화 상대자로는 특수교사뿐만 아니라 담임교사, 일반교사, 또래 친구, 교직원과 같은 주변 사람들의 역할이 중요하며, 학교와 가정의 연계를 위하여 부모와 형제자매의 참여도 고려해야 한다.

〈표 3-12〉 학교에서의 중재 목표 및 대화 상대자

중재 목표	• AAC 사용자가 학교 일과를 이해하고 자발적으로 수행할 수 있도록 한다. • 학교에서 필요한 어휘를 이해하고 표현하도록 한다. • AAC 사용자가 교과 과정을 이해하고 교과 활동에 참여할 수 있도록 한다. • AAC 사용자가 학교 일과에서 자발적으로 의사소통할 수 있도록 한다.
대화 상대자	• 일반교사, 특수교사, 또래, 특수교육보조원

(2) 통합학급

AAC 사용자가 통합된 학급에서는 교과 학습에 필요한 내용을 지원하거나 일상적이며 반복적인 학급 내 일과에서 사용할 수 있는 내용, 학급 재량 시간 및 학교 행사에 필요한 표현뿐만 아니라 학급 친구, 교과 교사, 교직원에 관련된 정보와 전략을 소개하는 것이 필요하다.

〈표 3-13〉 통합학급에서 고려할 수 있는 지원의 예

지원 영역	내용
교과 학습	• 교과별로 공통적으로 사용되는 어휘 및 표현 • 교과별 특성에 따른 어휘 및 표현 • 교과 내용과 과제 제시 방법 및 수행 방법의 수정 • 교과 활동의 참여 기회 제공
학교 일과	• 시각스케줄을 이용하여 일과 안내 –등교 또는 하교 시 준비해야 하는 전형적인 일과(예: 등교 시 실내화 갈아 신기, 신주머니 넣기, 가방에서 알림장 꺼내서 알림장함에 넣기, 시각스케줄에 따라 책 챙기기 등) –시각스케줄을 통해 다른 활동으로의 전이 안내 –활동에 따른 장소 및 이용법 안내(예: 식당, 도서실, 음악실, 컴퓨터실, 보건실, 가사실습실 등) • 학교 일과에 따른 기본 어휘 및 상징 익히기
학급 재량 시간 및 학교 행사	• 학급 재량 시간 –조회, 종례 시간, 청소 시간 –자기주도적 학습 시간, 아침 독서 시간 –학급회의, 1인 1 역할 – 쉬는 시간, 점심시간 등 • 학교 행사 –입학식, 졸업식, 학생조회 및 계기 교육 –각종 행사 활동(봉사, 체험 등), 소풍, 수련회 등
교직원 및 또래	• 학급 담임 및 교과 담당 교사 • 교직원(예: 행정실, 급식실, 보건실, 도서실 등) • 학급 친구 및 학년 또래

1 교과 학습

교과 수업 시간에 일반적으로 사용하는 어휘와 표현뿐만 아니라 각 교과 활동에 따라 사용되는 표현과 어휘를 선정하여 익히고 활용하도록 한다. 교사는 AAC 사용자가 수업과 과제 활동에 참여할 수 있는 기회를 제공하여야 하며, AAC 사용자의 수행 수준과 능력에 적절하게 과제를 제시하고 평가할 수 있도록 교육 목표, 교육 내용, 교육 매체, 교육 방법, 평가 방법 등을 수정할 수 있다. 각 교과 시간에 AAC를 활용하는 수업 활동의 예는 다음 [그림 3-4]와 같다.

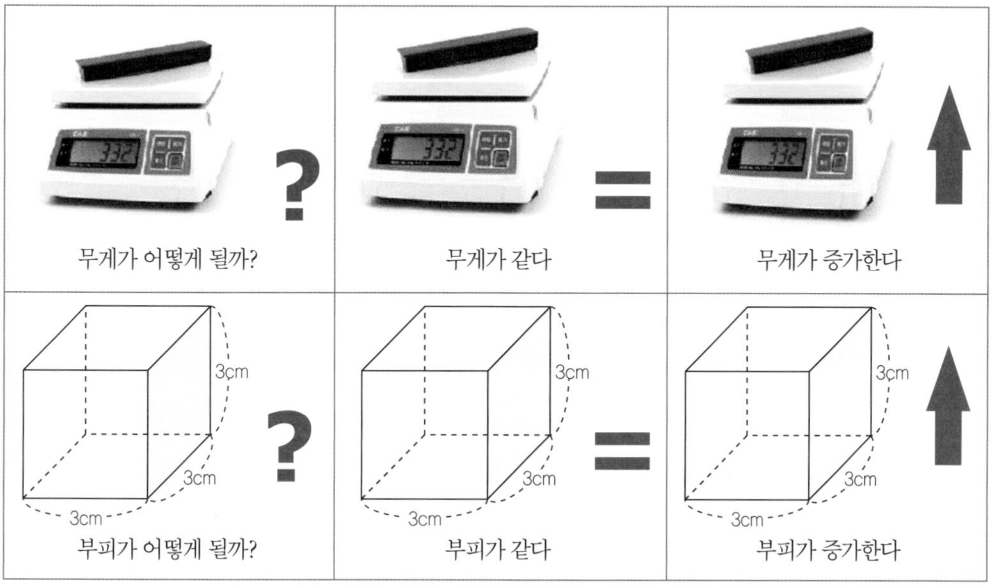

[그림 3-4] 과학교과에 사용할 수 있는 의사소통판의 예시

〈표 3-14〉 과학 교과에 사용할 수 있는 상징과 표현을 이용한 학습지

날 짜	월 일(요일)	과목(영역)	과학
단 원	물질의 부피	활동 주제	부피의 변화 알아보기

교과명	차시	(초등학교 4학년 과학 교과) 수정된 교과 내용
과학	2	[문1] 겨울철에 수도관이 터지는 이유는 무엇인가요? 학생: 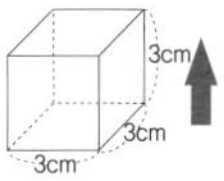 물이 얼어 부피가 커지기 때문입니다. [문2] 이와 비슷한 현상을 어디서 찾을 수 있나요? 학생: 유리병에 물을 넣어 얼리면 유리병이 깨집니다. [문3]  물이 얼 때 무게가 어떻게 변할까요? 학생:  무게가 증가합니다.(틀린 답) 선생님: 아니에요. (손으로 × 표시)

과학

학생:  = 무게가 같습니다.

선생님: 그래. 맞아요. (손으로 ◯ 표시)

[문4] 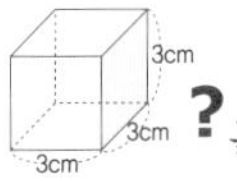

물이 얼 때 부피가 어떻게 변할까요?

학생: 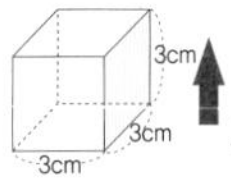

부피가 증가합니다.

[문5] 우리 생활 속에서 물이 얼 때의 부피 변화와 관련된 예는 무엇이 있나요?

학생:  냉동실에 넣어 둔 유리병의 물이 얼어 유리병이 깨집니다.

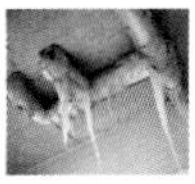 겨울에 수도관이 얼어 터집니다.

[문6] 물이 얼 때 나타나는 변화는 무엇이 있나요?

학생: 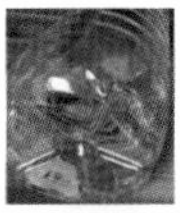 물이 얼기 전에는 투명합니다.

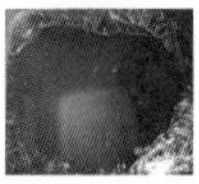 물이 얼 때 가장자리부터 업니다.

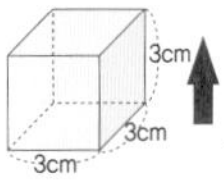

물이 얼음이 되면 부피가 늘어납니다.

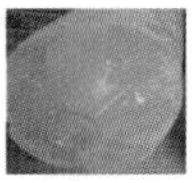 물이 얼면 투명하지 않고 기울여도 움직이지 않습니다.

 = 물이 얼기 전후의 무게에는 변화가 없습니다.

이 자료는 초등학교 4학년 과학 교과를 수정한 내용 중 일부다. 단원에 맞게 질문을 몇 개 만들고 질문과 대답을 담임교사(과학 교과)에게 제공한 후, 해당 질문에 대한 대답을 AAC 사용자의 의사소통판에 넣어 주었다. 수업 후 마지막에 정리하는 의미로 담임교사가 AAC 사용자에게 질문을 하고 대답하도록 하였다.

〈표 3-15〉 음악 교과에 사용할 수 있는 상징과 표현을 이용한 학습지

교과명	차시	(초등학교 6학년 음악 교과) 수정된 교과 내용
음악	3	 이 자료는 초등학교 6학년 AAC 사용자가 음악 활동에 참여할 수 있도록 교과를 상징으로 수정한 것이다. 이 자료를 AAC 사용자의 주 양육자에게 제공하여 집에서 충분히 연습할 수 있도록 하였다. 또한 교과 담당 교사에게도 제공하여 PPT로 화면에 띄우고 AAC 사용자뿐만 아니라 일반 학생들에게도 제시하도록 함으로써 모두 같이 수업에 참여할 수 있게 하였다.

② 학교 일과

학교에서 매일 일상적이고 반복적으로 행해지는 일들에 대해서는 그와 관련한 상징과 어휘를 익히고, 이를 시각적으로 제시하여 학생 스스로 수행할 수 있도록 하는 것이 필요하다. 이러한 시각스케줄에는 등하교시 준비해야 할 일이나 일일 시각스케줄, 활동에 따른 장소의 이동 등과 같은 것이 포함될 수 있다.

(a) 등교 시 해야 할 것

(b) 수업 시간표

요일 교시	월요일	화요일	수요일	목요일	금요일
1교시	국어 6-1	음악 5-6	체육 6	국어 6-1	과학 6-1
2교시	수학 6-1	사회 6-1	과학 6-1	수학 6-1	국어 6-1
3교시	과학 6-1	체육 6	수학 6-1	음악 5-6	사회 6-1
4교시	ENGLISH 6	수학 6-1	국어 6-1	ENGLISH 6	창의적 체험활동
5교시	도덕 6			미술 5-6	체육 6

이 자료는 초등학교 6학년 자폐범주성장애 아동의 시각스케줄을 상징으로 만들어 제공한 것이다. 한글로 되어 있던 시각스케줄을 해당 교과서 사진으로 만들었으며, 특수교육보조원과 함께하는 시간은 각 보조원의 사진을 넣어서 AAC 사용자가 수업 시간에 무엇을 하는지, 누구와 하는지 예측할 수 있게 하였다. 처음에 시각스케줄을 제공했을 때에는 시각스케줄에 변동이 있을 경우를 대비하여 각 상징을 개별로 만들어서 큰 판에 붙여 주었으나, 아동이 상징을 붙이고 떼는 것에 재미가 있는지 각 상징을 붙였다 떼었다를 반복하여 상징이 분실되었다. 따라서 나중에는 하나의 큰 판으로 시각스케줄을 다시 만들어서 제공하였다.

[그림 3-5] 학교에서의 시각스케줄 예시

3 학급 재량 시간 및 학교 행사

학급 재량 시간이나 전형적인 학교 행사와 관련하여 필요한 표현과 어휘를 선정하고 이를 사용하여 교내외 활동에 참여하는 것이 중요하다. 특별히 학급 내 아침 독서 시간이나 1인 1 역할, 쉬는 시간이나 점심시간 등을 이용한 활동을 통하여 AAC 사용자의 활동 참여 기회를 높이고, 학급 구성원으로서의 역할을 수행할 수 있도록 하며, 또래와의 상호작용을 증진시키도록 할 수 있다.

〈표 3-16〉 점심시간의 의사소통판 및 시각적 지원의 예

활동	장소	의사소통판 및 시각적 지원
점심시간	교실	점심시간 또래와의 놀이 활동의 예 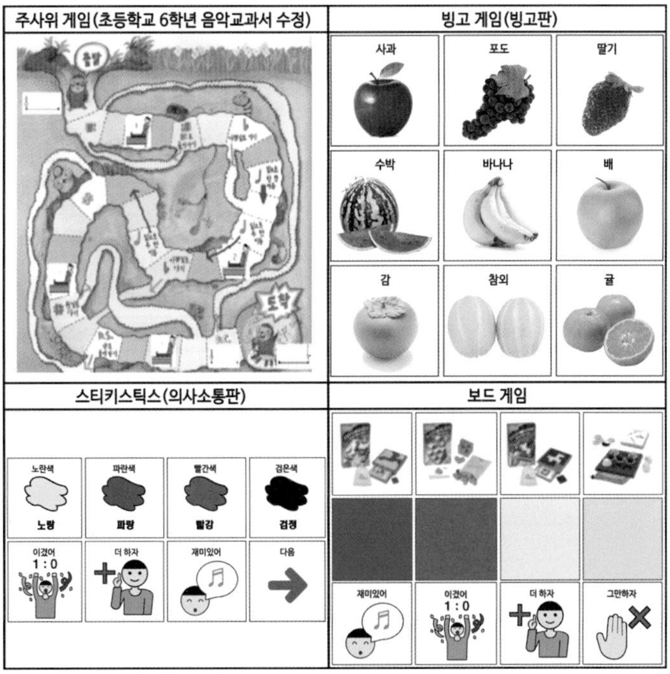 이 자료는 초등학교 6학년 음악 책에 나온 주사위 게임을 상징으로 수정한 것이다. 빙고 게임과 스티키스티스 게임은 점심시간과 방과 후 활동 시간에 AAC 사용자와 또래들이 놀이한 판이다. 빙고 게임에서는 처음에 일반 학생들에게는 종이를 코팅한 판을 주었고, AAC 사용자에게는 AAC 기기를 주었으나 형평성에 어긋난 것 같아서 일반 학생들과 AAC 사용자 모두에게 AAC 기기에 빙고판을 만들어서 제공하였다. 보드 게임판은 자폐 성향을 가지고 있는 중복장애 아동이 잘하는 게임 위주로 의사소통판을 만들어서 학교에 제공하였다. 이 AAC 사용자는 일반 학생들과의 게임을 통해 의사소통을 할 수 있었다. 뿐만 아니라 AAC 사용자의 특별한 재능을 알게 되면서 일반 학생들이 AAC 사용자를 바라보는 시각이 달라졌다.

[그림 3-6] 의사소통 상징을 이용한 빙고 놀이판(좋아하는 운동)의 예

[그림 3-7] 의사소통 상징을 이용한 빙고 놀이판(좋아하는 음료)의 예

④ 교직원 및 또래 관계

AAC 사용자의 대화 상대자로 담임교사와 교과 담당 교사, 학급 내 또래 친구, 교직원과 같은 주변 사람들의 역할이 중요하다. 이를 위해 AAC 사용자에 대한 중재뿐만 아니라 대화 상대자를 위한 중재도 함께 제시되어야 한다.

〈글상자 3-14〉 일반 초등학교 통합 상황에서 AAC 사용자 이해 교육의 예

* AAC 사용자가 다니는 일반 초등학교 통합 상황에서 전자 기기 반입을 금지한다면, 다른 또래 아이들은 전자 기기를 사용하지 못하는데 AAC 사용자는 사용한다는 이유로 또래들의 불만이 있을 수 있다. 따라서 치료사는 어린이집 및 유치원의 예처럼 AAC 사용 이유에 대해 알기 쉽게 설명해 준다.

* 다음은 일반 초등학교 통합 상황에서의 AAC 사용자 이해 교육의 예다.

> 일반 담임선생님께서 AAC 사용자와 일반 또래 아이들을 매주 짝꿍을 만들어서 돕도록 하였는데, 학기 말쯤에는 또래 아이들이 AAC 사용자의 문제행동과 의사소통 단절의 이유로 짝꿍하는 것을 기피하려는 모습이 나타난다고 걱정하셨다. 치료사는 AAC 사용자를 위해 AAC 사용자 이해 교육을 실시하도록 특수교사에게 프로그램의 방법 및 예시를 제공하였고, 특수교사는 일반 또래 아이들에게 이를 실시하였다. 활동을 마치고 또래 아이들에게 활동 소감을 작성하라고 했을 때에는 '○○이가 많이 답답할 것 같았다.' '○○이를 도와줘야겠다.' '말을 못하니까 속 터진다.' 등의 반응이 나타났고, 특수교사도 아이들의 의외의 긍정적인 반응과 AAC 사용자에 대한 변화된 태도에 놀라워하였으며, 매 학년 초마다 AAC 사용자 이해 교육이 필요할 것 같다고 보고하였다.

AAC 사용자 이해 교육 프로그램 순서 예시

1. 모둠별 활동을 계획한다.
   (※하나의 작품을 한 모둠의 구성원들이 협동하여 만들도록 계획한다.)
2. 활동 시 필요한 어휘를 수집하여 모둠별로 의사소통판을 준비한다.
3. 활동 5분 동안 말을 하지 않고 제스처와 몸짓으로만 모둠원들끼리 만들도록 한다.
4. 활동 10분 동안 의사소통판을 제공하고 말을 제외한 다양한 방식으로 의사소통하도록 한다.
5. 활동 10분 동안 말을 하면서 만들도록 한다.
6. 활동이 끝난 후 활동 소감이 어땠는지 적도록 한다.

5 통합학급 상황에서의 중재 예

〈표 3-17〉 통합학급 상황에서의 중재 목표 및 과정의 예

<table>
<tr><td>중재 날짜</td><td>2013년 4월 초부터 6월 말까지, 매주 화요일</td></tr>
<tr><td>중재 회기</td><td>약 12회</td></tr>
<tr><td>중재 목표 및 결과</td><td>▶ 중재 목표
① 일반학교에서 AAC 지원은 아동의 긍정적인 수업 참여 행동(예: 소리지르지 않기, 일어나지 않기, 교사의 질문에 답하기)에 영향을 줄 것이다.
② 일반학교에서의 AAC 지원은 아동과 비장애 또래의 놀이 활동 시 상호작용을 증진할 것이다.
③ 일반학교에서의 AAC 지원은 아동의 AAC 문해력 증진(예: AAC 문해 동화 내용 이해하기, AAC 그림 상징 선택하기, AAC 상징의 글자 읽기)에 영향을 줄 것이다.

▶ 중재 과정
① 진단 및 평가: 아동에 대한 AAC 관련 진단 실시
부모가 함께 의사소통 진단을 통해 아동의 의사소통 수준을 파악한 후 개별화된 AAC 체계를 구현함.

② 학교 환경 평가: 교과 및 활동 선정
특수교사 및 담임교사의 개별 면담을 통해 학교 환경에서 아동에게 필요한 AAC 활동을 평가하여 선정함.
• 수업 참여 증진: 통합시간에는 담임교사의 수업이 진행되는 음악 수업이 선정됨.
• 사회성 증진: 또래 활동 지원을 위해 비장애 또래와의 놀이 시간이 점심 후 활동으로 선정됨.

③ AAC 학교 지원 절차
<table>
<tr><th>단계</th><th>내용</th></tr>
<tr><td>사전 평가</td><td>음악 수업 시간과 점심시간, 특수학급 수업 시간에 아동의 수업 참여 및 놀이 활동 관찰, 비장애 또래들의 아동에 대한 기초 자료를 평가 · 수집함.</td></tr>
<tr><td>상담 및 교육</td><td>특수교사, 음악교사, 담임교사에게 AAC에 대한 간단한 이해 교육을 하고 수업 중 활용하게 된 내용에 대해 설명함.</td></tr>
<tr><td>AAC 어휘 선정</td><td>교사와 언어치료사의 협력을 통해 선정된 활동에서 필요한 AAC 어휘 및 상징을 평가하여 선택함: 음악 진도에 따라 필요한 어휘, 놀이 활동에 필요한 어휘, 일상생활에서 필요한 어휘를 선정함.</td></tr>
<tr><td>AAC 프로그램 및 의사소통판 구현</td><td>마이토키 프로그램에서 15판에 음악 교과 어휘 및 놀이 활동 어휘를 탑재하고 의사소통판을 제작함.</td></tr>
</table>
</td></tr>
</table>

수업 참여 증진을 위한 지원	담임교사의 음악 수업 진도에 맞춰서 마이토키에 어휘를 탑재한 후 보조원에게 제공함. 담임교사에게는 스크립트를 활용하여 수업 내용을 마무리하는 시점에 아동에게 AAC를 사용하여 질문에 답할 수 있도록 스크립트화된 질문을 제공하게 함. 그에 따라 교사는 수업을 마무리하면서 질문을 하고, 아동이 AAC를 활용하여 질문에 답함.
사회성 증진을 위한 지원	점심시간에 아동에게 호의적이고 관심이 높은 비장애 또래 두 명과 함께 AAC를 활용한 빙고 또는 기타 AAC 게임을 진행함. 비장애 또래에게는 아동이 사용하는 마이토키를 활용한 빙고판을 제시하고 아동에게는 마이토키판을 제시함. 교사의 도움을 받아 비장애 또래와 빙고 게임을 진행한 후 비장애 또래들에게도 아동이 사용하는 것과 동일한 AAC 도구를 제공하여 함께 활용함.
문해력 지원	특수학급에서 IEP 목표에 따른 문해력 증진을 위한 수업 지원을 진행할 것임. AAC 문해 자료(예: 동화 '이를 닦아요'를 AAC PPT 동화와 AAC 의사소통판 및 문해 학습지로 제작)를 통한 스스로 쓰기와 읽기 학습을 AAC를 통해 지원함. AAC 문해 자료 선정 기준은 아동이 동화에 익숙하지 않기 때문에 아동의 관심을 끌 수 있고 동기를 높일 수 있는 것으로서 음식과 관련된 내용이 나오는 동화를 선택함.
사후 평가	사전 평가와 동일하게 음악 수업 시간과 점심시간, 특수학급 수업 시간에 아동의 수업 참여 및 놀이 활동을 관찰하여 평가 자료를 수집함.

▶ 중재 결과

• AAC 학교 지원 중재 결과

음악 수업 시간에 비장애 또래 5명과 음악교사가 아동의 행동에 대해 수업 참여 행동과 수업 비참여 행동을 다섯 가지 이상 기술한 후 이를 근거로 수업 참여와 비참여 행동 척도를 구성하여 평가하였고, 사전에 비하여 사후에 비장애 또래들의 대상 아동에 대한 긍정적인 행동 척도가 증가하였음.
점심을 먹고 난 후 비장애 또래와 아동의 놀이 활동을 관찰하여 눈 맞춤, 의사소통 시도와 반응, 상호작용을 평가하였고, 사전에 놀이 활동에서 의사 표현이나 놀이 시도를 전혀 하지 않았던 아동이 사후에는 놀이에 적극적으로 임하는 것을 관찰하였음. 다양한 시도를 하였고 또래들과의 놀이를 즐거워하였음.
특수학급의 읽기 시간에 아동의 글 읽기와 쓰기에 대한 교사 자체 평가 및 아동의 문해 수준을 위한 글쓰기 활동과 읽기 활동 평가를 실시함. 교사가 제시한 AAC 문해 동화(예: '이를 닦아요')를 AAC로 읽고 내용을 이해함. 교사가 제시하는 글자를 AAC 상징으로 지적할 수 있었음. AAC 상징에 있는 글자를 선택하는 것은 세 가지 단어에서 가능하였음. 중재 기간이 짧았기 때문에 보다 장시간의 중재를 진행하면 더 효과적일 것으로 사료됨.

(3) 특수학급

AAC 사용자가 속한 특수학급에서는 기본적인 AAC 사용 및 활용 방법 지도, AAC 업그레이드, AAC를 활용한 기초 학습 능력 증진, 일상적이며 반복적인 학급 내 일과 지원, 특수학급 활동 지원 및 또래 지원 등을 제공해야 한다.

〈표 3-18〉 특수학급에서 고려할 수 있는 지원의 예

지원 영역	내용
기초 학습	• 기본적인 AAC 사용 방법 • 일반적으로 많이 사용되는 어휘 지원(예: 사회어, 긴급어, 일상어 등) • 학생에게 필요한 필수 어휘 지원 • AAC를 통한 집중적인 기초 학습 증진 기회 제공 • AAC 기기에 필요한 어휘 수정 및 업그레이드
학교 일과	• 시각스케줄을 이용하여 일과 안내하기 – 등교 또는 하교 시 준비해야 하는 전형적인 일과(예: 등교 시 실내화 갈아 신기, 신주머니 넣기, 가방에서 알림장을 꺼내서 알림장함에 넣기, 시각스케줄에 따라 책 챙기기 등) – 시각스케줄을 통해 다른 활동으로의 전이 안내 – 활동에 따른 장소 및 이용법 안내(예: 식당, 도서실, 음악실, 컴퓨터실, 보건실, 가사실습실 등) • 학교 일과에 따른 기본 어휘 및 상징 익히기
특수학급 활동 지원	• 현장학습 • 방과후 활동 • 직업 및 진로 활동
교직원 및 또래 지원	• 통합학급 담임 및 교과 담당 교사 • 교직원 – 예: 행정실, 급식실, 보건실, 도서실 등 • 특수학급 친구 • 통합학급 친구 • 학년 또래

(4) 특수학교

특수학교 환경에서는 기본적인 AAC 사용 및 활용 방법 지도, AAC 업그레이드, AAC를 활용한 기초 학습 능력 증진, 일상적이며 반복적인 학급 및 학교 내 일과 지원, 학교 내외 교직원 및 또래 지원 등을 제공해야 한다.

〈표 3-19〉 특수학교에서 고려할 수 있는 지원의 예

지원 영역	내용
기초 학습	• 기본적인 AAC 사용 방법 • 일반적으로 많이 사용되는 어휘 지원(예: 사회어, 긴급어, 일상어 등) • 학생에게 필요한 필수 어휘 지원 • AAC를 통해 집중적인 기초 학습 증진 기회 제공 • 모든 교과에 공통적으로 사용되는 어휘 및 표현 • 교과별 특성에 따른 어휘 및 표현 • AAC 기기에 필요한 어휘 수정 및 업그레이드
학교 일과	• 시각스케줄을 이용하여 일과 안내하기 – 등교 또는 하교 시 준비해야 하는 전형적인 일과(예: 등교 시 실내화 갈아 신기, 신주머니 넣기, 가방에서 알림장을 꺼내서 알림장함에 넣기, 시각스케줄에 따라 책 챙기기 등) – 시각스케줄을 통해 다른 활동으로의 전이 안내 – 활동에 따른 장소 및 이용법 안내(예: 식당, 도서실, 음악실, 컴퓨터실, 보건실, 가사실습실 등) • 학교 일과에 따른 기본 어휘 및 상징 익히기
학급 재량 시간 및 학교 행사	• 학급 재량시간 – 조회 시간, 종례 시간, 청소 시간 – 자기주도적 학습 시간, 아침 독서 시간 – 학급 회의, 1인 1 역할 – 쉬는 시간, 점심시간 등 • 학교 행사 – 입학식, 졸업식, 학생 조회 및 계기교육 – 각종 행사 활동(봉사, 체험 등), 소풍, 수련회 등
학교급별 지원	• 유치원 – 신변 자립 생활, 기초 학습 능력 등 • 초등학교 – 신변 자립 생활, 기초 학습 능력 등 • 중 · 고등학교 – 기초학습 능력, 전환교육, 성교육 등 • 전공과 – 직업 생활, 전환교육, 성인기 독립 생활 등
교직원 및 또래 관계	• 학급 담임 및 교과 담당 교사 • 교직원 – 예: 행정실, 급식실, 보건실, 도서실 등 • 학급 친구 및 학년 또래, 학교 선후배 • 인근 일반학교 비장애 학생

(5) 학교 환경에서의 중재의 예

학교 환경에서 적용해 볼 수 있는 AAC 중재는 교과 수업 이외에도 다양하게 활용될 수 있다.

〈표 3-20〉 학교 환경에서의 의사소통판의 예

활동	장소	의사소통판의 예(초등학교 4학년의 일반학급)
공통	교실	

〈글상자 3-15〉 현장학습 시의 의사소통판의 예

• ○○초등학교 남산 현장학습(시각스케줄의 예)

이 시각스케줄은 초등학교 특수학급 학생들이 남산으로 현장학습을 갔을 때 제공되었던 시각스케줄이다. 학생에게 시각스케줄을 보여 주면서 케이블카를 타고, 곰인형 전시관에 갔다가, 산책 후, 점심을 먹고, 남산에 올라갔다가, 학교로 돌아온다고 설명해 주었다.

〈표 3-21〉 현장학습 관련 학습지의 예

날 짜	월 일(요일)	과목(영역)	국어
단 원	경험한 일 말하기	활동 주제	현장학습 다녀온 경험 말하기

■ 친구들과 함께 현장학습을 다녀온 이야기를 해 봅시다.

1. 언제 갔나요?

5	월	3	일

2. 어디에 갔나요?

에 갔습니다.

3. 무엇을 타고 갔나요?

을/를 타고 갔습니다.

4. 그곳에서 어떤 활동들을 했나요? 활동들을 표시해 봅시다.

5. 그곳에서 한 활동들을 시간 순서에 맞게 정리해 봅시다.

□ ⇨ □ ⇨ □ ⇨ □

6. 현장학습에서 가장 재미있었던 것에 대해 이야기 나눠 봅시다.

〈표 3-22〉 수업 지도안의 예

차시	중심 제재	지도 내용	AAC 관련 내용	자료
1-2 /19	현장학습	(○○ 제과점[본교 별관]) 현장학습 • 제과점의 모습 둘러보기 • 빵의 종류 알아보기 • 간식 구입하여 먹기 • 점원 및 제빵사가 하는 일 관찰하기		
3/19	제과제빵사 직업의 이해	• 제과점의 모습을 기억하여 이야기 나누기 • 점원 및 제빵사가 하는 일을 표현하기(진열하기, 포장하기, 청소하기, 빵 만들기 등) • 멀티미디어 자료를 활용하여 제과점 꾸미기, 할 수 있는 일 선택하여 표현하기 • 제빵사의 작업 활동이 담긴 동영상 관찰하기		• 〈즐거운 직업의 세계〉 -2003년 본교 교과교육연구팀이 제작한 직업교육 멀티미디어 프로그램 • ○○ 제과점에서 촬영한 동영상 자료
4/19	요리 활동(1) 토스트	• 토스트에 필요한 재료와 도구 알기 • 토스트 만드는 순서를 동영상 클립으로 보기 • 동영상의 순서에 따라 토스트 만들기 • 각 재료와 도구를 나타내는 그림 상징을 익히고 실물과 연결하기 [토스트기, 식빵, 잼, 잼나이프]	• 그림 상징과 실물을 연결 지어 그림 상징 익히기	• 토스트기, 식빵, 잼, 잼나이프
5/19	제과제빵에 사용되는 도구와 재료의 이해	• 제과제빵에 빈번하게 사용되는 재료의 종류 알기 [밀가루, 달걀, 버터, 설탕, 우유 베이킹파우더, 우유, 초코칩] • 각 재료의 그림 상징 익히기	• 그림 상징과 실물을 연결 지어 그림 상징 익히기	• 밀가루, 달걀, 버터, 설탕, 베이킹파우더, 우유, 초코칩 • 각 재료를 나타내는 그림 상징
6/19		• 제과제빵에 사용되는 도구의 종류 알기 [오븐, 전자저울, 손거품기, 체, 머핀틀, 고무주걱, 핸드믹서, 보울] • 각 도구를 사용하여 활동하는 사진 및 동영상을 보며 활동 이해하기 • 각 도구의 그림 상징 익히기		• 오븐, 전자저울, 고무주걱, 핸드믹서, 보울 • 각 도구를 나타내는 그림 상징
7/19	요리 활동(2) 토스트	• 4차시에서 학습한 그림 상징을 단서로 제공받아서 토스트 만들기 -토스터 준비하기 -식빵 두 쪽을 토스트기의 빈 공간에 넣기 - 버튼 조절하기 - 구워진 식빵에 잼 바르기 • 그림 상징의 순서를 보고 활동하기 ※도움을 최소한으로 받아서 독립적으로 만들기	• 그림 상징을 단서로 활동하기	• 4차시에 제시한 그림상징 • 토스트기, 식빵, 잼, 잼나이프

출처: 밀알학교(2006).

〈표 3-23〉 AAC를 활용한 교과 활동 지도 차시의 예 (특수교육 기본교육과정 국어 2-10 및 사회 2-10)

차시	제재	교과	지도 내용	자료
1/12	학교 주변에 있는 것들 알기	사회	- 학교 주변 산책하며 동네 지형, 지물 익히기(현장학습)	
2/12			- 학교 주변에 있는 여러 상점, 기관의 사진을 보며 이름 붙이기	웹사이트 사진 자료, PPT 자료
3/12	학교 근처의 산 알기	사회	- 학교 근처의 산 지도에 표시하기	PPT 자료, 지도
4/12		국어	- 등산 시 사용할 수 있는 어휘 익히기	사진, 문장 카드 AAC 음성 출력 도구
5/12	학교 주변의 상점 알기 (약국, 제과점)	사회	- 학교 주변에서 볼 수 있는 상점 종류 말하기 - 사진을 보며 상점 구분하기 - 지도에 각 상점 표시하기	사진,문장 카드 AAC 음성 출력 도구 PPT 자료, 지도
6/12		국어	- 각 상점에서 필요한 어휘 익히기 ('~주세요.', '얼마에요?', '거스름돈 주세요.', '이거 뭐에요?', '좋아요.')	AAC 음성 출력 도구 사진, 문장 카드
7/12	학교 주변의 공공기관 알기	사회	- 우리 동네에 있는 공공기관의 이름 및 간판 익히기 - 공공기관 종류에 따라 구분하기	각 기관의 사진 AAC 음성 출력 도구 PPT 자료
8/12		사회	- 각 기관에서 하는 일 말하기 - 지도에 여러 기관 표시하기	PPT 자료 구체물(옷, 청진기) 사진,문장 카드 AAC 음성 출력 도구
9/12		국어	- 각 기관에서 필요한 어휘 익히기	AAC 음성 출력 도구 사진, 문장 카드
10/12	우리 동네 지도 만들기	사회	- 동네 여러 장소를 지도로 구성하기 - '우리 동네' 지도 책 만들기: 각 장소를 나타내는 여러 상징으로 지도 책 꾸미기	AAC 음성 출력 도구 사진, 문장 카드 PPT 자료 '우리 동네 지도' 책자
11~12/12	지도를 사용하여 각 장소 찾아가기 (현장학습)	사회	- 지도를 보며 각 장소 찾아가기	'우리 동네 지도' 책자 학교 주변 지도 축소 사진
		국어	- 각 상황에 맞는 어휘 사용하여 의사 표현하기	

출처: 밀알학교(2006).

〈표 3-24〉 AAC를 활용한 교과 활동 지도안의 예

<table>
<tr><th>교과</th><td>사 회</td><th>단원</th><td>우리 동네</td><th>제재</th><td>우리 동네 지도 만들기</td><th>차시</th><td>10/12</td></tr>
<tr><th colspan="8">본시 학습 목표</th></tr>
<tr><td colspan="8">• 특정 장소를 나타내는 사진 단서를 보고, 해당하는 장소의 상징을 선택할 수 있다.
• 선택한 상징을 지도 위의 적절한 위치에 배치할 수 있다.
• 각 장소를 나타내는 상징으로 지도 책을 완성할 수 있다.</td></tr>
</table>

<table>
<tr><th rowspan="2">단계</th><th rowspan="2">학습 내용</th><th colspan="2">교수-학습 활동</th><th rowspan="2">시량(분)</th><th rowspan="2">자료</th></tr>
<tr><th>교사 활동</th><th>학생 활동</th></tr>
<tr><td rowspan="3">도입</td><td>전시 학습 상기</td><td>• 전시에 학습한 장소를 실제 지도로 보여 준다.</td><td>• 교사가 부르는 장소가 표시된 곳을 하나씩 짚는다.</td><td rowspan="3">5</td><td rowspan="3">• 이전 시간까지 사용한 실제 지도
• 학교 주변 지도</td></tr>
<tr><td>동기 유발</td><td>• 오늘 활동할 지도를 보여 준다.</td><td>• 바른 자세로 교사의 말에 집중한다.
• 교사의 질문에 대답한다.</td></tr>
<tr><td>학습 목표 제시</td><td>• 오늘의 학습 목표를 제시한다.</td><td>우리 동네 지도를 만들 수 있다.</td></tr>
<tr><td rowspan="2">전개</td><td>활동 1 (동네 한바퀴)</td><td>• 지도 위를 자석 자동차로 달리며 각 장소에 무엇이 있는지 실제 지도와 비교하여 대답하도록 한다.
• 지정된 장소에 알맞은 모형을 붙이도록 한다.
• 각 장소를 나타내는 여러 상징으로 지도를 완성하도록 한다.</td><td>• 사진 단서를 보고 관련된 간판을 찾아 배치한다.
• 교사가 말하는 단어를 듣고 해당하는 AAC를
<table>
<tr><th colspan="4">각 장소를 나타내는 그림, 단어</th></tr>
<tr><td>병원</td><td>구급차, 의사</td><td>아파요</td><td>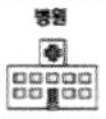</td></tr>
<tr><td>소방서</td><td>소방차, 소방복</td><td></td><td></td></tr>
<tr><td>지하철역</td><td colspan="3"></td></tr>
<tr><td>제과점</td><td>빵 사진</td><td>얼마에요?,</td><td></td></tr>
<tr><td>학교</td><td>선생님, 버스</td><td>화장실 가요</td><td></td></tr>
<tr><td>약국</td><td>약 사진, 약국 간판</td><td></td><td>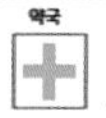</td></tr>
<tr><td>산</td><td colspan="2">산에 올라요</td><td></td></tr>
</table></td><td>20</td><td>• 각 기관의 건물 반입체 모형
• 버스 모형
• AAC 음성출력기구
• 학교 주변 지도
• 각 장소를 나타내는 그림, 단어 카드</td></tr>
<tr><td>활동 2 ('우리 동네' 지도 책 만들기)</td><td>• 완성된 지도를 보고 여러 상징의 스티커를 사용하여 지도 책을 완성한다.</td><td>• 각 장소를 나타내는 여러 기관의 간판 스티커를 위치에 맞게 지도 책에 붙인다.</td><td>10</td><td>• 우리 동네 그림, 사진, 스티커
• 우리 동네 지도 책자</td></tr>
<tr><td rowspan="2">정리</td><td>내용 정리</td><td>• 각자 만든 책자를 칠판에 전시하도록 한다.</td><td>• 앞에 나와 자신의 지도 책을 펼쳐 전시한다.
• 자신의 이름이나 사진이 붙은 자리에 자신의 지도 책을 전시한다.</td><td rowspan="2">5</td><td rowspan="2"></td></tr>
<tr><td>차시 예고</td><td>• 다음 시간의 수업 내용을 예고한다.</td><td>• 화면을 보고 바른 자세로 교사의 말을 듣는다.</td></tr>
</table>

출처: 밀알학교(2006).

(6) 학교 환경에서 사용할 수 있는 어휘 목록의 예

〈표 3-25〉 학교 환경 어휘 목록의 예 1

의사소통 상황	핵심 어휘
언어 영역 수업하기	연필(5)
	공책(5)
	듣기(7)
	읽어요(7)
	알아요(4)
	말하기(3)
	읽기(3)
	쓰기(3)
	공책에 써요(3)
	일기 썼어요(3)
수학 영역 수업하기	1~10(11)
	커요(6)
	작아요(6)
	같아요(5)
	많아요(5)
	적어요(5)
	간단한 도형(5)
	더하기/빼기(4)
	화폐단위(4)
	계산기(3)
작업 영역 수업하기	두드려요(2)
	맞았어요(2)
	가르쳐주세요(2)
친구와 대화하기	싫어(8)
	안녕? (잘 있었니?)(7)
	○○야 (친구이름)(6)
	미안해(5)
	같이 하자(4)
	고마워(4)
	같이 가자(3)
	좋아(3)
	내 거야(2)
치료실 치료받기	쉬고 싶어요(4)
	힘들어요(3)
	걸어요(3)
	들어요(3)
	앉아요(2)
	그만 할래요(2)

의사소통 상황	핵심 어휘
긴급한 상황 알리기	친구가 다쳤어요(4)
	빨리 와 보세요(4)
	이것(여기) 보세요(4)
	손(2)
	발(2)
	머리(2)
	우리 집에 전화해 주세요(3)
	위험해요(2)
	피나요(2)
	큰일났어요(2)
하고 싶은 활동 말하기	해도 되나요(5)
	공부해요(4)
	할래요(4)
	놀고 싶어요(2)
	장난감 주세요(2)
	공놀이를 하고 싶어요(2)
	그림 그려요(2)
	놀이기구 타고 싶어요(2)
	해 주세요(2)
	이게 하고 싶어요(2)
집에서 있었던 일 말하기	놀러 갔어요(15)
	TV 봤어요(9)
	교회 갔어요(8)
	엄마(7)
	또 가고(하고) 싶어요(6)
	놀았어요(5)
	놀이공원(5)
	어제(4)
	아빠(4)
	같이 했어요(4)
급식 먹기/간식 먹기	더 주세요(17)
	맛있어요(6)
	우유(5)
	물(4)
	먹었습니다(4)
	그만 먹을래요(4)
	접시(4)
	포크(4)
	먹을래요(3)
	과자(3)

의사소통 상황	핵심 어휘
양호실 이용하기	약 주세요(11)
	여기가 아파요(7)
	눕고(자고)싶어요(4)
	양호선생님(3)
	배 아파요(3)
	머리 아파요(3)
	이 아파요(3)
	열이 나요(2)
	피나요(2)
	치료해 주세요(2)
화장실 이용하기	소변(마려워요) (11)
	대변(마려워요) (11)
	휴지(7)
	휴지 주세요(6)
	남자(6)
	여자(6)
	손 씻어요(6)
	비누(4)
	다 했어요(4)
	물 내려요(3)
지체장애 학생 추가 어휘	기저귀가 젖었어요
	너무 멀어요/ 가까이 해 주세요
	떨어졌어요/주워 주세요
	똑바로 잡아 주세요
	문 열어 주세요
	물 내려 주세요
	바르게 앉혀 주세요
	바지 내려/올려 주세요
	변기에 앉혀 주세요
	손 닦는 것 도와주세요
	아직 안 넘겼어요
	알파토커(의사소통판)가 필요해요
	용변 보는 일을 도와주세요
	음식물이 목에 걸렸어요
	자세가 불편해요
	조그맣게 잘라 주세요
	친구가 넘어졌어요

〈표 3-26〉 학교 환경 어휘 목록의 예 2

일반 어휘		학용품	교실 물건		학교 장소
같다	수학	연필	TV	유리창	강당
개학식	쓰기	지우개	가방	의자	과학실
견학	아침 조회	자	가위	이름표	교무실
경례	악기	공책	간식 시간	이야기 자료	교실
곱하기	애국가	필통	거울	인사	교장실
공연	연산	색연필	걸레	일기장	급식실
과학	영어	일기장	게시판	자료장	미술실
교가	예능	알림장	공	장난감	수영장
국기	오리기	크레파스	공부 시간	쟁반	어학실
국어	우주	물감	공책	적목	운동장
그리기	운동회	붓	교과서	점심시간	음악실
길이	음악	스케치북	그림 카드	조회	자료실
나누기	응원	가방	꽃	종례	직업실
넓이	읽기	실내화	낱말 카드	종합장	체육관
노래	입학식	체육복	내이름	주전자	치료교육실
높이	졸업식	신발주머니	달력	지우개	학교
다르다	중창	포스터컬러	담임선생님	차렷	화장실
더하기	지구본	물풀	동화책	책상	행정실
독창	차렷	딱풀	물감	청소도구	
듣기	철자	찰흙	물뿌리개	청소함	
만들기	체육	지점토	반	친구	
말하기	체육대회	연습장	분필	친구이름	
미술	축하	책받침	블록	칠판	
박수	치료교육	교과서	비디오	칠판지우개	
방학식	탬버린	칼	빗자루	카세트	
부피	피아노	가위	사물함	카펫트	
북	학예회	색종이	수업 시간	컴퓨터	
붙이기	합창	테이프	숫자 카드	컵	
빼기	행진	잉크	쉬는 시간	크레파스	
사회	현장학습		스케치북	태극기	
소풍	환영		시각스케줄	풀	
	휴업일		시계	피아노	
			신발	필통	
			신발장	하교 시간	
			알림장	학년	
			연필	화분	
			연필깍이	휴지통	

4) 지역사회

(1) 지역사회 중재 예시(마트, 병원)

AAC 사용자들은 운동 및 지적 능력 등의 어려움으로 인해 의사소통을 하는 데 어려움을 겪게 되어 지역사회에서 고립되는 경우가 많다. 또한 AAC 사용자들은 지역사회 내에서의 정서적 위축으로 인해 의사소통을 하기 어려워한다. 이러한 경우에는 스크립트를 활용하여 치료실 내에서 충분히 연습을 하고 직접 지역사회로 나가서 수행해 보도록 한다. 이러한 스크립트의 활용은 AAC 사용자들이 각 상황별로 어떠한 말을 해야 할지 예측해 볼 수 있게 할 뿐만 아니라 적절하게 반응하는 방법을 습득할 수 있게 하여 지역사회 내에서 의사소통을 시도할 때 심리적 부담을 덜 갖고 적극적으로 의사소통할 수 있도록 돕는다. 다음 〈표 3-27〉은 편의점에서 물건 사기를 하기 위해 이용한 간단하게 구성된 편의점 및 병원(치과) 스크립트다. 이 스크립트를 활용하여 자신이 어떤 역할을 할지 먼저 선정하고 스크립트대로 연습한 후에 마트와 병원에 직접 가서 의사소통을 한다.

〈표 3-27〉 지역사회 스크립트의 예

예1	 점원	 손님
1	 안녕하세요.	
2		  안녕하세요. ○○ 있어요?
3	네. 있어요.	
4		○○ 주세요.
5	 (○○을 주며) 여기 있어요.	

6		 (○○을 받으며)얼마에요?
7	 천원이에요.	
8		 (천원을 주며) 여기 있어요.
9	 (천원을 받으며) 감사합니다.	
10		 안녕히 계세요.

예2	 의사	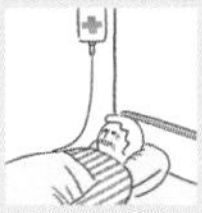 환자
1		
2		
3	 어디 아파요?	
4		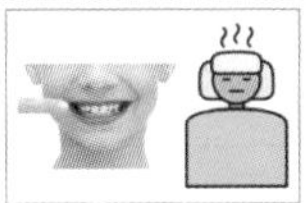 이가 아파요.
5	 아. 해 보세요.	
6		(입을 벌림)

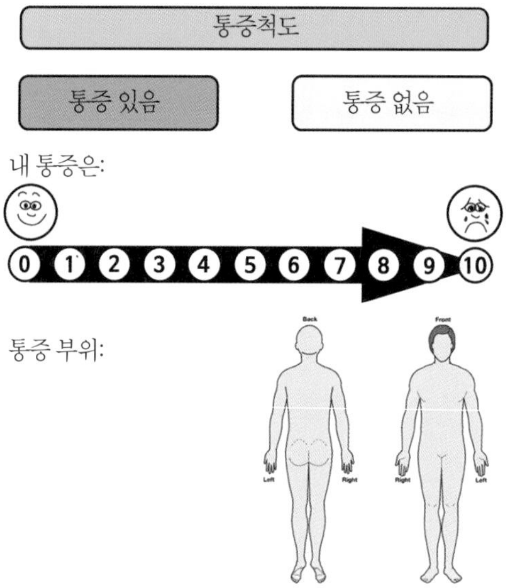

[그림 3-8] 통증판과 신체판의 예

이미지 출처: www.adaptedlearning.com

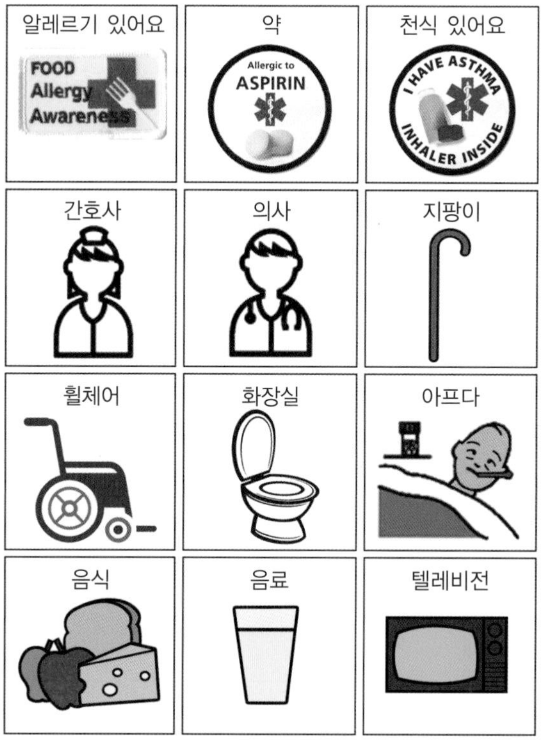

[그림 3-9] 응급의사소통판의 예

병원에서 의사소통이 어려울 경우에 치료사들은 '통증판'과 '신체판'을 사용할 수 있다. [그림 3-8]은 통증판과 신체판의 예를 보여 준다. 통증판은 환자가 느끼고 있는 통증의 강도를 구체적으로 표현할 수 있도록 돕는다. 신체판은 환자가 신체의 어느 부위에 통증을 느끼고 있는지 정확하게 표현할 수 있도록 해 준다. [그림 3-9]는 병원 내에서 사용할 수 있는 응급의사소통판(emergency communication board)의 예다.

병원에 입원해 있는, 한글을 이해하지 못하는 사람에게는 그림판을 제공하고, 한글을 이해하는 사람에게는 표현하기에 다소 시간이 걸리긴 하지만 명확한 표현을 원할 경우 글자판을 제공해 주기도 한다. 눈 응시로 직접 선택해서 의사소통을 하는 환자의 경우에는 Low-tech 글자판이 이동성과 편의성 때문에 병원에서 일반적으로 의사소통을 위한 글자판으로 사용된다. 하지만 Low-tech 글자판의 경우 대화 상대자의 도움이 꼭 필요하기 때문에, AAC 사용자는 자신이 혼자 글을 쓰는 경우(예: 이메일, 긴 메시지, 책 출간 등) High-tech를 활용한 자판을 선호하기도 한다.

〈글상자 3-16〉 그림판과 글자판의 예

• 후천적 장애인을 위한 의사소통판의 예

다음은 병원에 입원해 있는 69세 전반실어증(global aphasia) 환자에게 제공한 의사소통 판의 예다.

다음은 상하 눈 응시만 가능했던 감금증후군(locked-in syndrome) 환자에게 제공한 의사소통판의 예다.

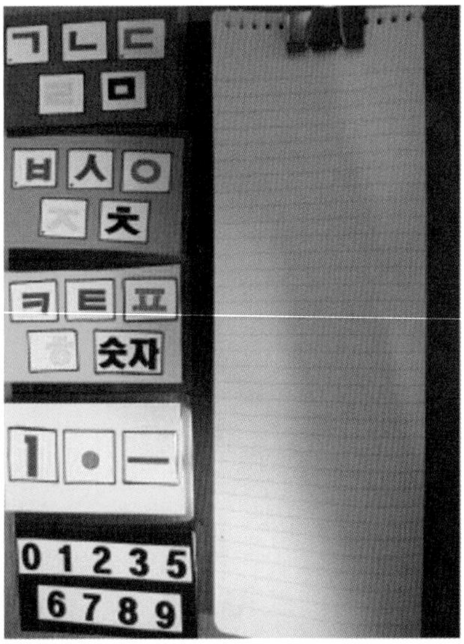

다음은 루게릭 환자에게 제공한 의사소통판의 예다.

루게릭 협회 제공 루게릭환자용 의사소통판

출처: http://www.kalsa.org

(2) 직업 중재 예시

직업 상황에서 AAC 중재를 하기 위해서는 우선 AAC 사용자의 직업 환경, 직업 유형, AAC 사용자의 역할을 파악하는 것이 중요하다. 이것들이 파악되었으면 AAC 사용자가 필요로 하는 기술 목록을 단계별로 작성해 보고 각 단계별로 AAC 중재를 실시한다. 다음은 바리스타의 기술 목록 단계의 예를 제시한 것이다.

1단계: 출근 일지를 작성하면서 오늘 자신의 업무를 파악한다.

2단계: 해당 업무(병 씻기, 상자 접기, 병 넣기, 그라인더하기 등)를 수행한다.

① 창고에서 병이 담겨 있는 상자를 찾는다.

② 상자에서 병이 몇 개인지 세어 보고 씻어야 할 병의 개수와 맞는지 확인한다.

③ 병이 담긴 상자를 카트에 싣는다.

④ 카트를 개수대로 가져가서 물을 튼다.

⑤ 병에 물을 반쯤 넣고 병 속에 든 물을 흔든다.

⑥ 병 속의 물을 뺀다.

⑦ 앞서의 과정을 3회 이상 반복한다.

⑧ 씻은 병은 병 상자에 넣는다.

⑨ 다 씻은 후에 병 상자를 카트에 담고 살균기로 이동한다.

⑩ 씻은 병을 살균기에 넣는다.

⑪ 살균기 버튼을 눌러 작동시킨다.

⑫ 병을 담았던 상자를 접는다.

⑬ 접은 상자를 분리수거함에 넣는다.

3단계: 업무 일지를 작성하면서 오늘 자신이 한 업무를 파악하고 다음 일정과 업무를 파악한다.

〈글상자 3-17〉 바리스타 의사소통판의 예

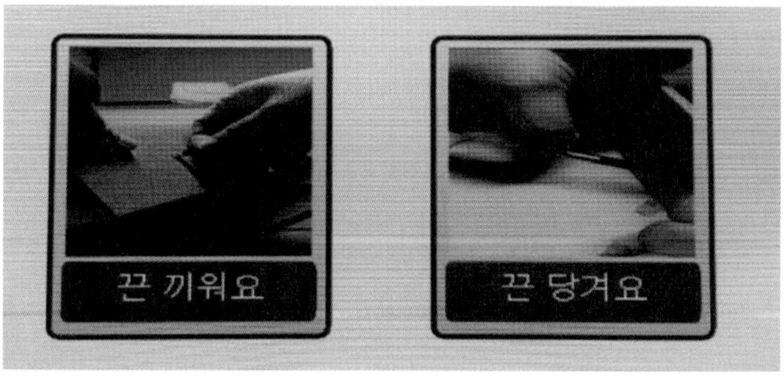

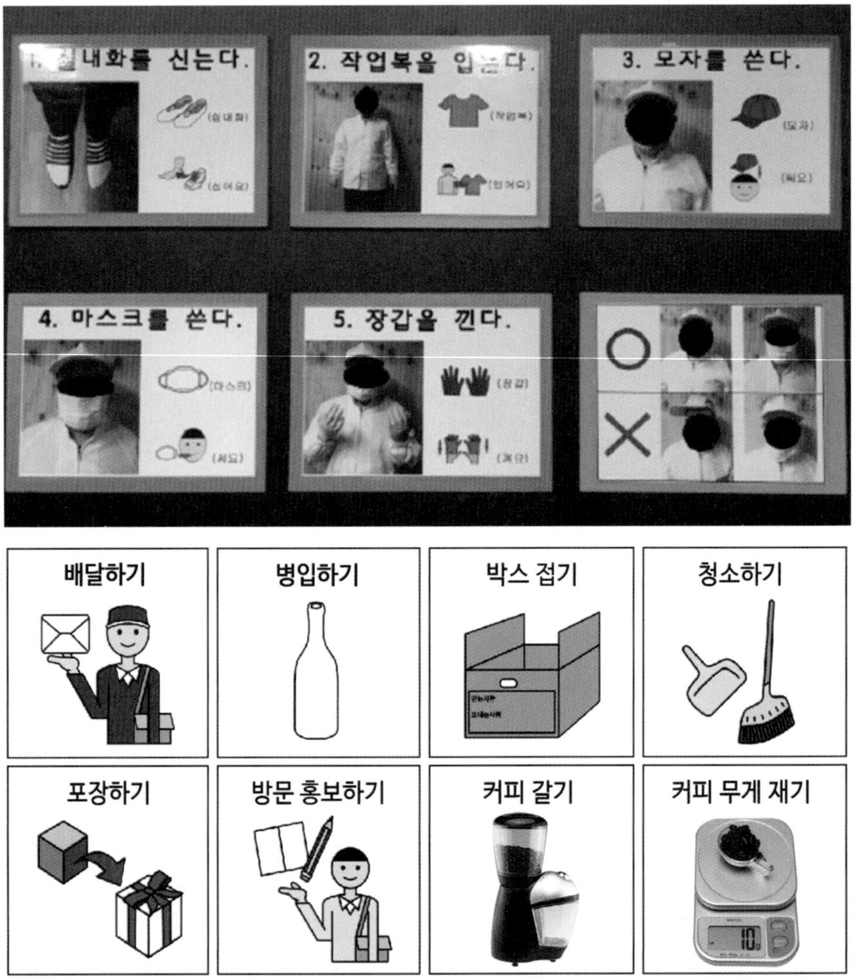

이 자료는 더치커피 공방에서 AAC 의사소통판을 활용한 시각지원의 예다. 고용자가 오늘 할 일을 선택할 수 있도록 의사소통판으로 활용하거나 해야 할 일을 순서대로 보여 줄 수 있도록 시각스케줄로 활용할 수 있었다.

3. 대화 상대자 중재

기능적으로 의사소통을 하기 위해서는 자연스러운 환경과 상황에서 지속적으로 의사소통할 수 있는 방법을 가르쳐야 한다(National Research Council, 2001). 따라서 각 환경에서의 대화 상대자의 역할이 중요하게 강조된다. 다음 〈표 3-28〉은 각 환경별 대화 상대자 목록을 나타낸다.

〈표 3-28〉 환경별 대화 상대자 목록

환경	대화 상대자
가정	주 양육자, 형제자매, 기타(예: 활동보조원)
어린이집 및 유치원	일반교사, 특수교사, 또래, 기타(예: 특수교육보조원)
학교	일반교사, 특수교사, 교직원, 또래, 기타(예: 특수교육보조원)
치료실	언어치료사, 놀이치료사, 물리치료사, 작업치료사, 특수체육교사
지역사회	지역사회 내 상점, 병원 등의 관계자
직업	고용주, 동료, 기타(예: 활동보조도우미)

각 환경별 대화 상대자, 즉 중재 사용자를 선정하면 [그림 3-10]과 같이 대화 상대자의 AAC 중재 경험 여부에 따라 각기 다르게 중재 방법이 설정된다. AAC 중재 경험이 없는 대화 상대자에게는 AAC 소개, AAC 사용자가 사용하는 기기 및 의사소통 전략을 포함한 AAC에 대한 기본적인 이해부터 실시된다. 자세한 내용은 〈표 3-29〉를 참고한다. 이 후에 AAC를 적절하게 활용할 수 있도록 AAC 중재 활용 연습을 하고 피드백을 준다. AAC 중재를 받은 경험이 있는 대화 상대자는 재중재가 왜 필요한지 분석하고, 분석 결과에 따른 재교육을 실시한다.

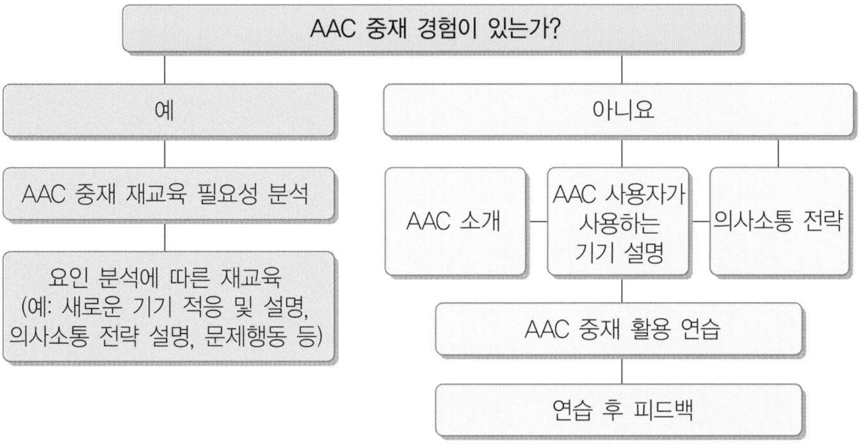

[그림 3-10] 대화 상대자 중재 방법

기본적으로 AAC 대화 상대자 중재는 AAC 소개, 개념, 적용 대상, 중재 방법, AAC 사용자가 사용할 기기 설명 및 시연으로 구성된다. AAC에 대한 기본 개념은 앞 장을 참고하고, 여기에서는 AAC 중재 방법을 중점적으로 설명하겠다.

〈표 3-29〉 대화 상대자 중재의 예

지원영역	지원 내용	비고
AAC 소개	• AAC의 의미 및 필요성 • AAC 체계 및 기기 소개 • AAC 적용 대상 • AAC 적용 사례	– AAC 소개 동영상 및 사이트 – AAC 적용 사례 동영상
AAC 기기에 대한 정보 제공	• AAC 기기의 내용과 표현 방법 • AAC 기기 조작 방법 • AAC 기기를 통한 지속적 지원 방법 (예: 업데이트, 어휘 목록 등)	– 사용할 AAC 기기
의사소통 기술 및 전략	• AAC 사용자의 의사소통 의도를 해석하는 방법 • AAC 사용자에게 의사 표현의 기회를 제공하는 방법 • 다른 사람과 대화하는 기술, 순서를 주고받으며 대화하는 방법 • 대화 상대자의 의사소통 능력을 촉진하는 전략(예: 환경중심 언어중재 전략–시범, 반응요구 후 시범, 시간지연법, 우발학습 등)	– 설명하기 및 시범 보이기 – 비디오 및 시범

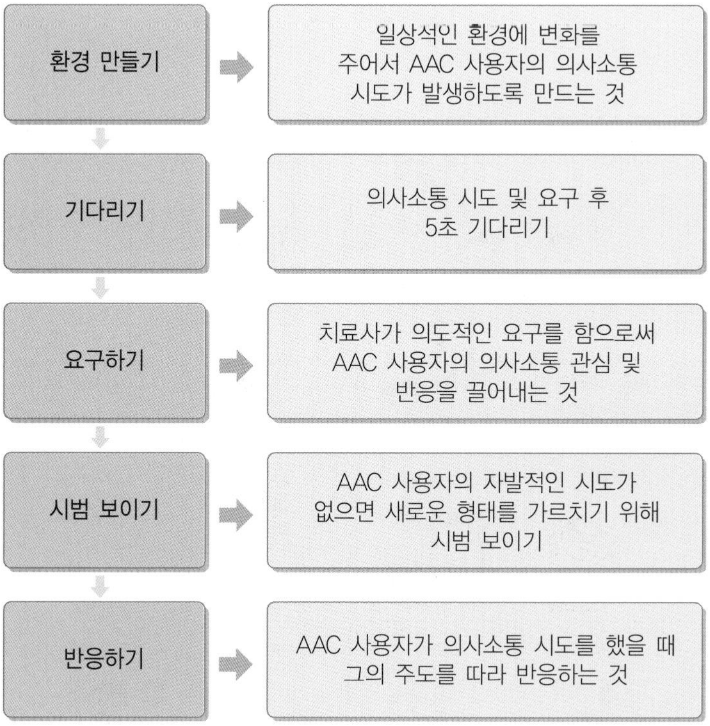

[그림 3-11] 대화 상대자를 위한 의사소통 전략 중재 세부 내용

4. 중재 평가

1) AAC 중재가 AAC 사용자에게 미치는 효과 평가

- AAC 중재의 효과를 평가하기 위해서는 AAC 사용의 만족도나 의사소통 만족도, 삶의 질 등을 평가할 수 있다. AAC 사용의 만족도에는 구체적으로 AAC 도구의 휴대 가능성, 내구성, 외양, 학습에 요구되는 시간과 능력, AAC 기기에서 산출되는 음성의 질과 명료도, 의사소통에서의 자연스러움 등이 포함된다.

〈표 3-30〉 중재 만족도 평가 항목

구분	내용
AAC 사용에 대한 만족도 및 태도	• AAC 도구의 휴대 가능성, 내구성, 외양, 학습에 요구되는 시간과 능력, 음성산출기기(SGD)에서 산출되는 음성의 질과 명료도, 의사소통의 속도와 효율성, 의사소통에서의 자연스러움 등 • AAC 중재 결과 얼마나 의사소통을 잘할 수 있게 되었는지를 평가함. • 자기결정, 사회적 참여, 독립성, 지역사회 참여, 학업 성취, 교육적인 통합을 증가시켰는지 살펴봄.

- 또한 중재의 효과를 살펴보기 위하여 중재를 하기 이전과 이후의 AAC 사용자의 의사소통 변화를 살펴볼 수 있다. 구체적인 내용으로는 활동 참여 정도, 의사소통 발생 비율, 상호작용 정도, 의사소통 형태 및 기능의 변화 등이 포함된다. 〈표 3-31〉은 중재 효과를 평가하기 위한 항목의 예다.

〈표 3-31〉 중재 효과 평가 항목 예

구분	내용	측정
활동 참여 정도	• 관찰 시간 동안 나타난 아동의 흥미와 주의집중 정도	평정척도
의사소통 발생 빈도	• 특정 시간 동안 발생한 아동의 모든 의사소통 횟수	빈도
상호작용 정도	• 의사소통에서 상대방과 역할 주고받기 – 시작하기: 부모나 교사, 또래 친구를 향하여 자신이 먼저 말이나 행동하기 – 반응하기: 상대방이 하는 말이나 행동이 발생한 후 특정한 시간 이내에 그것에 반응하는 말이나 행동하기	

의사소통 형태	• 의사소통 시도 및 반응을 위해 사용한 형태(예: 신체적 움직임, 눈 응시, 제스처, 상징, 음성 출력+상징, 발성, 말)	
의사소통 기능	• 사용한 의사소통의 기능 (예: 요구하기, 반응하기, 수락 및 거절하기, 객관적으로 언급하기, 주관적으로 진술하기, 의례적 인사, 농담, 감탄 등)	빈도
문제행동 발생 빈도	• 특정 시간 동안 아동이 보이는 문제행동의 횟수	

2) AAC 중재가 대화 상대자에게 미치는 효과 평가

• AAC 중재가 대화 상대자에게 어떠한 영향을 미쳤는지 알아보기 위해서는 대화 상대자의 AAC 또는 AAC 사용자에 대한 태도를 살펴볼 수 있으며, AAC 대화 상대자 중재의 효과를 살펴보기 위해서는 중재 전후 대화 상대자의 의사소통 기술과 전략을 살펴볼 수 있다.

〈표 3-32〉 AAC 중재가 대화 상대자에게 미치는 영향

구분	내용
대화 상대자의 태도	• 대화 상대자의 만족도와 태도
대화 상대자의 기술과 능력	• 의사소통 기기 조작법, 의사소통 교수법

부 록

[부록 1] 아동용 AAC 초기 면담지

접수번호: 접수일자:

I. 기본 정보

성명		성별	□남 □여	생년월일		연령	
주소						전화번호 및 이메일	
						작성자 (정보 제공자)	
장애 진단명					진단 날짜 및 진단 연령		
등급					현재 사용 보조도구		
경제 사항	□ 건강보험 □ 수급권자 □ 차상위 □ 본인 의료급여 □ 바우처						

		과거 및 현재 사용 내용	향후 사용 내용
AAC 수급 방법	자비 구입	□[ ]	□[ ]
	대여	□[ ]	□[ ]
	외부 지원	□[ ]	□[ ]
	기타	□[ ]	□[ ]
소속	어린이집 및 유치원	□[ ]	□[ ]
	학교	□[ ]	□[ ]
	기타	□[ ]	□[ ]
활용 장소	가정	□[ ]	□[ ]
	어린이집 및 유치원	□[ ]	□[ ]
	학교	□[ ]	□[ ]
	지역사회	□[ ]	□[ ]
	치료실	□[ ]	□[ ]
	기타	□[ ]	□[ ]

II. 가족 및 인적자원

	이름	관계	연령	주요 활동	동거 여부 (( )일/일주일)	특이사항 (아동과 함께하는 활동 등)
가족						
인적자원						

<table>
<tr><th colspan="4">III. 교육 활동 및 치료 지원</th></tr>
<tr><td colspan="4">1. 교육 활동</td></tr>
<tr><td rowspan="5">학령전기</td><td colspan="3">1) 어린이집 및 유치원 교육
□ 무 □ 유[시작 시기: 세 개월][기관명:]</td></tr>
<tr><td colspan="3">2) 어린이집 및 유치원 유형
□ 특수학급 □ 일반학급 [□ 완전통합반 □ 부분통합반 □ 분리학급]</td></tr>
<tr><td colspan="3">3) 어린이집 및 유치원 평가 자료
□ IEP 작성 여부 [□ 예 □ 아니요]
□ 일과 적응 평가 여부 [□ 예 □ 아니요]</td></tr>
<tr><td colspan="3">4) 친구 관계
□ 아주 좋음 □ 보통임 □ 어려움 [이유:]</td></tr>
<tr><td colspan="3">5) 기타[ ]</td></tr>
<tr><td rowspan="5">학령기</td><td colspan="3">1) 학교 입학 연령: 만 세 / 현재 학년: 학년</td></tr>
<tr><td colspan="3">2) 학교 유형:
□ 일반학교
□ 일반학급
<table><tr><th>과목명</th><th>보조교사</th></tr><tr><td></td><td>□ 무 □ 유[ ]</td></tr><tr><td></td><td>□ 무 □ 유[ ]</td></tr><tr><td></td><td>□ 무 □ 유[ ]</td></tr></table>
□ 특수학급
<table><tr><th>과목명</th><th>보조교사</th></tr><tr><td></td><td>□ 무 □ 유[ ]</td></tr><tr><td></td><td>□ 무 □ 유[ ]</td></tr><tr><td></td><td>□ 무 □ 유[ ]</td></tr></table>
□ 특수학교 [ ]</td></tr>
<tr><td colspan="3">3) 친구 관계: □ 아주 좋음 □ 보통임 □ 어려움 [ ]</td></tr>
<tr><td colspan="3">4) 수업 태도: □ 아주 좋음 □ 보통임 □ 어려움 [ ]</td></tr>
<tr><td colspan="3">5) 수업 참여도: □ 100% □ 70% □ 50% □ 20% □ 10% 미만 [ ]</td></tr>
<tr><td colspan="4">2. 치료 지원</td></tr>
<tr><td colspan="2">지원 내용</td><td>지원 정도(기간, 횟수 등)</td><td>특이사항</td></tr>
<tr><td>예: 언어치료</td><td>발음 훈련</td><td></td><td></td></tr>
<tr><td></td><td>언어(어휘) 훈련</td><td></td><td></td></tr>
<tr><td></td><td>AAC 훈련</td><td></td><td></td></tr>
<tr><td></td><td></td><td></td><td></td></tr>
<tr><td></td><td></td><td></td><td></td></tr>
<tr><td></td><td></td><td></td><td></td></tr>
<tr><td></td><td></td><td></td><td></td></tr>
<tr><td></td><td></td><td></td><td></td></tr>
<tr><td></td><td></td><td></td><td></td></tr>
<tr><td></td><td></td><td></td><td></td></tr>
</table>

<table>
<tr><th colspan="4">IV. 감각 및 운동 능력</th></tr>
<tr><td rowspan="2">감각</td><td colspan="3">1) 시각 문제: □ 무 □ 유
눈 응시(eye tracking) 가능 여부 □ 가능 □ 불가능
[ ]</td></tr>
<tr><td colspan="3">2) 청각 문제: □ 무 □ 유
[ ]</td></tr>
<tr><td rowspan="9">운동</td><td colspan="3">1) 가장 편하게 취할 수 있는 자세
□ 눕기 [ ]
□ 옆으로 눕기 [ ]
□ 엎드리기 [ ]
□ 서기 [ ]</td></tr>
<tr><td colspan="3">2) 독립적 앉기
□ 예 [ ]
□ 수동휠체어 [ ]
□ 전동휠체어 [ ]
□ 피더시트 [ ]
□ 의자/특수의자 [ ]
□ 기타 [ ]
□ 아니요</td></tr>
<tr><td colspan="3">3)독립적 걷기
□ 예 [ ]
□ 워커 [ ]
□ 보조자 도움 [ ]
□ 난간이나 벽 집기 [ ]
□ 휠체어 [ ]
□ 기타 [ ]
□ 아니요</td></tr>
<tr><td colspan="3">4) 손, 팔 사용
□ 오른손잡이 [ ]
□ 왼손잡이 [ ]
□ 양손잡이 [ ]
□ 사물을 잡으려고 손 뻗기 [ ]
□ 사물을 손으로 쥘 수 있음 [ ]
□ 지적하기나 누르기 가능 [ ]
□ 기타 [ ]</td></tr>
<tr><td colspan="3">5) 독립적 움직임이 가능한 신체 부위
□ 눈 [ ]
□ 머리 [ ]</td></tr>
<tr><td></td><td>왼쪽</td><td>오른쪽</td></tr>
<tr><td>팔</td><td>□</td><td>□</td></tr>
<tr><td>발/다리</td><td>□</td><td>□</td></tr>
<tr><td>기타</td><td>□</td><td>□</td></tr>
</table>

V. 말 · 언어 · 의사소통 능력

1. 의사소통 이해 능력

유형	가능 여부	예시
억양(톤)		
제스처(예: 손짓)		
문장(예: "눈 감아 봐.")		
짧은 이야기		

2. 의사소통 표현 능력

유형 / 방법	물건 요구	행동 요구	선택	부정/거부	수긍	기분/감정	부르기	인사	질문	설명
발성										
몸짓										
표정										
응시(시선)										
그림/사진										
글자										
말(단어)										
말(문장)										

3. 말명료도

(※ 단어나 문장으로 표현할 경우 알아들을 수 있는 정도)

익숙한 사람 (예: 엄마)	☐ 전혀 못 알아들음	☐ 잘 못 알아들음	☐ 쉽게 알아들음
낯선 사람 (예: 동네 어른)	☐ 전혀 못 알아들음	☐ 잘 못 알아들음	☐ 쉽게 알아들음

4. 기타(언어평가 결과 등)

VI. 보완대체의사소통(AAC) 경험	
AAC 사용 여부	□ 예 □ 아니요
과거 및 현재 AAC 도구 및 상징	(아래 표 참조)

비전자적 도구(No tech/ Low tech devices) (예: 의사소통 가방, 의사소통책, 의사소통 팔찌, 의사소통 목걸이 등)	
적용 시기	
적용 환경	
도구 형태	□ 의사소통책 □ 의사소통판 □ 목걸이형 □ 팔찌형 기타( )
상징 형태	□ 사진 □ 그림 □ 사물 □ 글자 □ 기타( )
상징 크기	
상징 수	
보조도구	
만족도	□ 매우 만족 □ 만족 □ 그저 그렇다 □ 불만족 □ 매우 불만족 이유:

간단한 녹음 도구(Medium-tech devices) (예: 스마트 오케이 톡톡, 녹음 스위치, 수퍼토커 등)	
적용 시기	
적용 환경	
도구명	
상징 형태	□ 사진 □ 그림 □ 사물 □ 글자 □ 기타( )
상징 크기	
상징 수	
보조도구	
만족도	□ 매우 만족 □ 만족 □ 그저 그렇다 □ 불만족 □ 매우 불만족 이유:

하이테크 의사소통 도구(High-tech devices) (예: 키즈보이스, 위드톡, iOS 및 안드로이드 기반의 앱 등)	
적용 시기	
적용 환경	
도구명	
상징 형태	□ 사진 □ 그림 □ 사물 □ 글자 □ 기타( )
상징 크기	
상징 수	
보조도구	
만족도	□ 매우 만족 □ 만족 □ 그저 그렇다 □ 불만족 □ 매우 불만족 이유:

[부록 2] 성인용 AAC 초기 면담지

접수번호: 접수일자:

I. 기본 정보

성명		성별	□남 □여	연령	만 세	생년월일	
주소						전화번호 및 이메일	
						작성자 (정보 제공자)	

장애 진단명		진단 날짜 및 진단 연령	
등급		현재 사용 보조도구	
경제 사항	□ 건강보험 □ 수급권자 □ 차상위 □ 본인 의료급여 □ 바우처		

		과거 및 현재 사용 내용	향후 사용 내용
수급 방법	자비 구입	□[ ]	□[ ]
	대여	□[ ]	□[ ]
	외부 지원	□[ ]	□[ ]
	기타	□[ ]	□[ ]
소속	주간보호센터	□[ ]	□[ ]
	그룹홈	□[ ]	□[ ]
	기타	□[ ]	□[ ]
활용 장소	가정	□[ ]	□[ ]
	지역사회	□[ ]	□[ ]
	치료실	□[ ]	□[ ]
	주간보호센터	□[ ]	□[ ]
	병원	□[ ]	□[ ]
	기타	□[ ]	□[ ]

II. 가족 및 인적자원

	이름	관계	연령	직업	동거 여부	특이사항
가족						
인적자원						

<table>
<tr><th colspan="4">III. 교육 활동 및 치료 지원</th></tr>
<tr><td colspan="4">1. 교육 활동</td></tr>
<tr><td rowspan="2">학령기</td><td colspan="3">1) 최종 학교 졸업 연령: 만 세</td></tr>
<tr><td colspan="3">2) 최종 학력:
□ 초등학교 □ 중학교 □ 고등학교 □ 대학교</td></tr>
<tr><td colspan="4">2. 치료 지원</td></tr>
<tr><td colspan="2">지원 내용</td><td>지원 정도(기간, 횟수 등)</td><td>특이사항</td></tr>
<tr><td rowspan="3">예: 언어치료</td><td>발음 훈련</td><td></td><td></td></tr>
<tr><td>언어(어휘) 훈련</td><td></td><td></td></tr>
<tr><td>AAC 훈련</td><td></td><td></td></tr>
<tr><td></td><td></td><td></td><td></td></tr>
<tr><td></td><td></td><td></td><td></td></tr>
<tr><td></td><td></td><td></td><td></td></tr>
<tr><td></td><td></td><td></td><td></td></tr>
<tr><td></td><td></td><td></td><td></td></tr>
<tr><td></td><td></td><td></td><td></td></tr>
<tr><th colspan="4">IV. 직업 및 여가 활동</th></tr>
<tr><td rowspan="3">직업</td><td colspan="3">1) 현재 직업, 직장, 직위
[ ]</td></tr>
<tr><td colspan="3">2) 담당 부서 및 작업 내용</td></tr>
<tr><td colspan="3">3) 기타:</td></tr>
<tr><td rowspan="3">여가 활동</td><td colspan="3">1) 자주 가는 장소 :</td></tr>
<tr><td colspan="3">2) 주로 하는 활동 :</td></tr>
<tr><td colspan="3">3) 기타 :</td></tr>
</table>

<table>
<tr><th colspan="4">V. 감각 및 운동 능력</th></tr>
<tr><td rowspan="2">감각</td><td colspan="3">1) 시각 문제: □ 무 □ 유
눈 응시(eye tracking) 가능 여부 □ 가능 □ 불가능
[ ]</td></tr>
<tr><td colspan="3">2) 청각 문제: □ 무 □ 유
[ ]</td></tr>
<tr><td rowspan="8">운동</td><td colspan="3">1) 가장 편하게 취할 수 있는 자세
□ 눕기 [ ]
□ 옆으로 눕기 [ ]
□ 엎드리기 [ ]
□ 서기 [ ]</td></tr>
<tr><td colspan="3">2) 독립적 앉기
□ 예 [ ]
□ 수동휠체어 [ ]
□ 전동휠체어 [ ]
□ 피더시트 [ ]
□ 봉이 있는 의자 [ ]
□ 안전벨트가 있는 의자 [ ]
□ 기타 [ ]
□ 아니요</td></tr>
<tr><td colspan="3">3) 독립적 걷기
□ 예 [ ]
□ 워커 [ ]
□ 보조자 도움 [ ]
□ 난간이나 벽 짚기 [ ]
□ 휠체어 [ ]
□ 기타 [ ]
□ 아니요</td></tr>
<tr><td colspan="3">4) 손, 팔 사용
□ 오른손잡이 [ ]
□ 왼손잡이 [ ]
□ 양손잡이 [ ]
□ 사물을 잡으려고 손 뻗기 [ ]
□ 사물을 손으로 쥘 수 있음 [ ]
□ 지적하기나 누르기 가능 [ ]
□ 기타 [ ]</td></tr>
<tr><td colspan="3">5) 독립적 움직임이 가능한 신체 부위
□ 눈 [ ]
□ 머리 [ ]</td></tr>
<tr><td></td><td>왼쪽</td><td>오른쪽</td></tr>
<tr><td>팔
발/다리</td><td>□
□</td><td>□
□</td></tr>
<tr><td>기타</td><td>□</td><td>□</td></tr>
</table>

Ⅵ. 말 · 언어 · 의사소통 능력		
1. 의사소통 이해 능력		
유형	가능 여부	예시
억양(톤)		
제스처(예: 손짓)		
문장(예: "눈 감아 봐.")		
이야기		

2. 의사소통 표현 능력

유형 / 방법	물건 요구	행동 요구	선택	부정/거부	수긍	기분/감정	부르기	인사	질문	설명
발성										
몸짓										
표정										
응시(시선)										
그림/사진										
글자										
말(단어)										
말(문장)										

3. 말명료도

(※ 단어나 문장으로 표현할 경우 알아들을 수 있는 정도)

익숙한 사람 (예: 엄마)	□ 전혀 못 알아들음	□ 잘 못 알아들음	□ 쉽게 알아들음
낯선 사람 (예: 동네 어른)	□ 전혀 못 알아들음	□ 잘 못 알아들음	□ 쉽게 알아들음

4. 기타(언어평가 결과 등)

Ⅷ. 보완대체의사소통(AAC) 경험		
AAC 사용 여부	□ 예 □ 아니요	
과거 및 현재 AAC 도구 및 상징	비전자적 도구(No tech / Low tech devices) (예: 의사소통 가방, 의사소통책, 의사소통 팔찌, 의사소통 목걸이 등)	
	적용 시기	
	적용 환경	
	도구 형태	□ 의사소통책 □ 의사소통판 □ 목걸이형 □ 팔찌형 기타( )
	상징 형태	□ 사진 □ 그림 □ 사물 □ 글자 □ 기타( )
	상징 크기	
	상징 수	
	보조도구	
	만족도	□ 매우 만족 □ 만족 □ 그저 그렇다 □ 불만족 □ 매우 불만족 이유:
	간단한 녹음 도구(Medium-tech devices) (예: 스마트 오케이 톡톡, 녹음 스위치, 수퍼토커 등)	
	적용 시기	
	적용 환경	
	도구명	
	상징 형태	□ 사진 □ 그림 □ 사물 □ 글자 □ 기타( )
	상징 크기	
	상징 수	
	보조도구	
	만족도	□ 매우 만족 □ 만족 □ 그저 그렇다 □ 불만족 □ 매우 불만족 이유:
	하이테크 의사소통 도구(High-tech devices) (예: 키즈보이스, 위드톡, iOS 및 Android 기반의 앱 등)	
	적용 시기	
	적용 환경	
	도구명	
	상징 형태	□ 사진 □ 그림 □ 사물 □ 글자 □ 기타( )
	상징 크기	
	상징 수	
	보조도구	
	만족도	□ 매우 만족 □ 만족 □ 그저 그렇다 □ 불만족 □ 매우 불만족 이유:

[부록 3] 활동 스케줄표

요일 / 활동	월	화	수	목	금	토	일
1							
장소/ 대화 상대자							
2							
장소/ 대화 상대자							
3							
장소/ 대화 상대자							
4							
장소/ 대화 상대자							
5							
장소/ 대화 상대자							

[부록 4] 환경 어휘 기록지

날짜		AAC 사용자	
작성자		정보 제공자	
AAC 사용 환경			

시간	활동	장소 및 대화 상대자	AAC 사용자가 표현하고 있는 어휘 및 형태	AAC 사용자에게 필요한 어휘	비고

출처: Quattebaum & Nalty (1998)에서 수정 발췌.

[부록 5] 선호도 조사

날짜		AAC 사용자	
작성자		정보 제공자(관계)	

활동	목록
자주 먹는 음식 * 좋아하는 음식에 동그라미로 표시	
자주 사용하는 물건 * 좋아하는 물건에 동그라미로 표시	
자주 하는 활동 * 좋아하는 활동에 동그라미로 표시	
기타 * 특별히 좋아하는 것들이 있으면 기록(예: 색깔, 숫자, 지하철 노선도 등)	

출처: Frost & Bondy (2002)에서 수정 발췌.

[부록 6] 의사소통 기능과 비도구적 · 도구적 형태의 체크리스트

<table>
<tr><td rowspan="3">대상자</td><td rowspan="3"></td><td rowspan="2">날짜</td><td rowspan="2"></td><td colspan="4">비도구적 형태</td><td colspan="4" rowspan="2">도구적 형태</td></tr>
<tr><td colspan="4">표현행동</td></tr>
<tr><td>상황</td><td></td><td rowspan="3">몸짓/
제스처/
수화</td><td rowspan="3">표정</td><td rowspan="3">발성</td><td rowspan="3">기타</td><td rowspan="3">사물</td><td rowspan="3">사진/그림</td><td rowspan="3">글자</td><td rowspan="3">구어</td></tr>
<tr><td>기록자</td><td colspan="3"></td></tr>
<tr><td colspan="4">의사소통기능</td></tr>
<tr><td colspan="4">인사하기</td><td></td><td></td><td></td><td></td><td></td><td></td><td></td><td></td></tr>
<tr><td colspan="4">(물건) 요구하기</td><td></td><td></td><td></td><td></td><td></td><td></td><td></td><td></td></tr>
<tr><td colspan="4">(행동) 요구하기</td><td></td><td></td><td></td><td></td><td></td><td></td><td></td><td></td></tr>
<tr><td colspan="4">선택하기</td><td></td><td></td><td></td><td></td><td></td><td></td><td></td><td></td></tr>
<tr><td colspan="4">부정/거부하기</td><td></td><td></td><td></td><td></td><td></td><td></td><td></td><td></td></tr>
<tr><td colspan="4">기분/감정 표현하기</td><td></td><td></td><td></td><td></td><td></td><td></td><td></td><td></td></tr>
<tr><td colspan="4">수긍하기</td><td></td><td></td><td></td><td></td><td></td><td></td><td></td><td></td></tr>
<tr><td colspan="4">설명하기</td><td></td><td></td><td></td><td></td><td></td><td></td><td></td><td></td></tr>
<tr><td colspan="4">질문하기</td><td></td><td></td><td></td><td></td><td></td><td></td><td></td><td></td></tr>
</table>

출처: 박은혜, 한경근(2008)에서 수정 발췌.

[부록 7] 한국 보완대체의사소통 평가(KAA) 결과 기록지

〈한국 보완대체의사소통 평가(KAA) 결과 기록지-1단계〉

<table>
<tr><th colspan="4">기본 정보</th></tr>
<tr><td>대상자명</td><td></td><td>검사자</td><td></td></tr>
<tr><td>검사일</td><td></td><td>연락처</td><td></td></tr>
<tr><td>생년월일</td><td></td><td rowspan="2">장애 진단
유무</td><td>□ 무</td></tr>
<tr><td>생활연령</td><td></td><td>□ 유 [ ]</td></tr>
</table>

<table>
<tr><th colspan="2">1단계 의사소통자</th></tr>
<tr><td>1. 감각능력 문제</td><td>□ 무
□ 유
□ 시각 [ ]
□ 청각 [ ]
□ 기타 [ ]</td></tr>
<tr><td rowspan="2">2. 일상생활 자세</td><td>□ 눕기 [ ]
□ 서기 [ ]
□ 앉기 [ ]</td></tr>
<tr><td>□ 바닥 또는 매트 [ ]
□ 수전동휠체어 [ ]
□ 일반 의자 또는 소파 [ ]
□ 착석 자세 보조도구 [ ]
□ 보호자가 안아서 [ ]
□ 기타 [ ]</td></tr>
<tr><td>3. 앉기 자세</td><td>□ 일반 의자(등받이나 팔걸이가 없는)에 독립적으로 앉을 수 있음
□ 등받이가 있는 의자에 독립적으로 앉을 수 있음
□ 등받이와 팔걸이가 있는 의자 또는 휠체어에 앉을 수 있음
□ 별도의 지지장치(이너, 벨트류 등)가 있는 의자 또는 휠체어에 앉을 수 있음
□ 앉는 자세 유지 불가</td></tr>
<tr><td>4. 눕기 자세
(앉기 안 될 경우)</td><td>□ 독립적인 눕기 자세 유지 가능
□ 지지물 및 보호자 도움으로 눕기 자세 유지 가능</td></tr>
<tr><td>5. 기립 자세
(앉기 안 될 경우)</td><td>□ 독립적인 기립 자세 유지 가능
□ 지지물(테이블, 안전바 등) 및 보호자 도움으로 기립 자세 유지 가능
□ 지지물(테이블, 안전바 등) 및 도움으로 무릎 서기 유지 가능
□ 기립 자세 유지 불가</td></tr>
<tr><td>AAC 적용 자세</td><td>[결과:]</td></tr>
</table>

6. 직접 선택 방법	□ 손 [□ 손가락] □ 좌 □ 우 □ 양손 □ 머리 [□ 눈] □ 구강안면 [□ 입 □ 볼 □ 기타] □ 발 □ 다리
	□ 각도 세우기 □ 거리 가깝게 제시
7. 간접 선택 방법 (직접 선택이 어려울 경우)	□ 훑기 [□ 시간:] □ 자동적 훑기 □ 직접 훑기 □ 단계적 훑기
선택 방법	[결과:]
8. 상징 유형	□ 스위치 □ 그림카드 □ 제스처 □ 기타
9. 어휘	(선호도 조사를 통해 처음 시작할 상징을 선택한다. 보통 "○○ 주세요.")
AAC 상징 및 어휘	[결과:]

AAC 평가 결과 요약			
AAC 사용 자세	선택 방법	상징 유형	어휘

〈한국 보완대체의사소통 평가(KAA) 결과 기록지-2단계〉

기본 정보			
대상자명		검사자	
검사일		연락처	
생년월일		장애 진단 유무	□ 무
생활연령			□ 유 [ ]

2단계 의사소통자	
1. 감각능력 문제	□ 무 □ 유 □ 시각 [ ] □ 청각 [ ] □ 기타 [ ]
2. 일상생활 자세	□ 눕기 [ ] □ 서기 [ ] □ 앉기 [ ]
	□ 바닥 또는 매트 [ ] □ 수전동휠체어 [ ] □ 일반 의자 또는 소파 [ ] □ 착석 자세 보조도구 [ ] □ 보호자가 안아서 [ ] □ 기타 [ ]
3. 앉기 자세	□ 일반 의자(등받이나 팔걸이가 없는)에 독립적으로 앉을 수 있음 □ 등받이가 있는 의자에 독립적으로 앉을 수 있음 □ 등받이와 팔걸이가 있는 의자 또는 휠체어에 앉을 수 있음 □ 별도의 지지장치(이너, 벨트류 등)가 있는 의자 또는 휠체어에 앉을 수 있음 □ 앉는 자세 유지 불가
4. 눕기 자세	□ 독립적인 눕기 자세 유지 가능 □ 지지물 및 보호자 도움으로 눕기 자세 유지 가능
5. 기립 자세	□ 독립적인 기립 자세 유지 가능 □ 지지물(테이블, 안전바 등) 및 보호자 도움으로 기립 자세 유지 가능 □ 지지물(테이블, 안전바 등) 및 도움으로 무릎 서기 유지 가능 □ 기립 자세 유지 불가
AAC 적용 자세	[결과:]

6. 직접 선택 방법	□ 손 [□ 손가락] □ 좌 □ 우 □ 양손 □ 머리 [□ 눈] □ 구강안면 [□ 입 □ 볼 □ 기타] □ 발 □ 다리
	□ 각도 세우기 □ 거리 가깝게 제시 □ 간격 넓게 제시 □ 간격 좁게 제시 □ 왼손 우세 배열 □ 오른손 우세 배열 □ 그림카드 세워서 제시
7. 간접 선택 방법 (직접 선택이 어려울 경우)	□ 훑기 [□ 시간:] □ 자동적 훑기 □ 직접 훑기 □ 단계적 훑기
8. 보조기기 사용 여부	□ 손목지지홀더 □ 키가드 □ 조이스틱 □ 트랙볼 마우스 □ 스틱 마우스 □ 헤드포인터 □ 스위치 □ 아이(eye) 트랙커 □ 기타 [ ]
선택 방법	[결과:]
9. 상징 유형	□ 글자 □ 자판 [□ 천지인 □ 쿼티 □ 기타] □ 통글자, 문장 □ 선화 □ 사진 □ 사물 □ 축소형
10. 상징 크기 및 개수	□ 1개 □ 2개 [/4] [%] □ 4개 [/4] [%] □ 8개 [/4] [%] □ 15개[/4] [%]
AAC 상징 유형, 크기, 개수	[결과:]

AAC 평가 결과 요약			
AAC 사용 자세	선택 방법	상징 유형	상징 크기 및 개수

〈한국 보완대체의사소통 평가(KAA) 결과 기록지-3단계〉

기본 정보			
대상자명		검사자	
검사일		연락처	
생년월일		장애 진단 유무	□ 무
생활연령			□ 유 [ ]

3단계 의사소통자	
1. 감각능력 문제	□ 무 □ 유 □ 시각 [ ] □ 청각 [ ] □ 기타 [ ]
2. 일상생활 자세	□ 눕기 [ ] □ 서기 [ ] □ 앉기 [ ]
	□ 바닥 또는 매트 [ ] □ 수전동휠체어 [ ] □ 일반 의자 또는 소파 [ ] □ 착석 자세 보조도구 [ ] □ 보호자가 안아서 [ ] □ 기타 [ ]
3. 앉기 자세	□ 일반 의자(등받이나 팔걸이가 없는)에 독립적으로 앉을 수 있음 □ 등받이가 있는 의자에 독립적으로 앉을 수 있음 □ 등받이와 팔걸이가 있는 의자 또는 휠체어에 앉을 수 있음 □ 별도의 지지장치(이너, 벨트류 등)가 있는 의자 또는 휠체어에 앉을 수 있음 □ 앉는 자세 유지 불가
4. 눕기 자세	□ 독립적인 눕기 자세 유지 가능 □ 지지물 및 보호자 도움으로 눕기 자세 유지 가능
5. 기립 자세	□ 독립적인 기립 자세 유지 가능 □ 지지물(테이블, 안전바 등) 및 보호자 도움으로 기립자세 유지 가능 □ 지지물(테이블, 안전바 등) 및 도움으로 무릎 서기 유지 가능 □ 기립 자세 유지 불가
AAC 적용 자세	[결과:]

6. 직접 선택 방법	□ 손 [□ 손가락]
	  □ 좌
	  □ 우
	  □ 양손
	□ 머리 [□ 눈]
	□ 구강안면 [□ 입 □ 볼 □ 기타]
	□ 발
	□ 다리

	□ 각도 세우기 □ 거리 가깝게 제시 □ 간격 넓게 제시 □ 간격 좁게 제시 □ 왼손 우세 배열 □ 오른손 우세 배열 □ 그림카드 세워서 제시

7. 간접 선택 방법 (직접 선택이 어려울 경우)	□ 훑기 [□ 시간:]
	  □ 자동적 훑기
	  □ 직접 훑기
	  □ 단계적 훑기

8. 보조기기 사용 여부	□ 손목지지홀더 □ 키가드 □ 조이스틱 □ 트랙볼 마우스 □ 스틱 마우스 □ 헤드포인터 □ 스위치 □ 아이(eye) 트랙커 □ 기타 [ ]
선택 방법	[결과:]

9. 상징 유형	□ 구어
	  □ 말 명료도 [①: 알아듣지 못함/②③④⑤: 정확히 알아들음]
	  □ 제한된 구어 사용
	□ 글자
	  □ 자판 [□ 천지인 □ 쿼티 □ 기타]
	  □ 통글자, 문장
	□ 선화
	□ 사진
	□ 사물
	  □ 축소형

10. 상징 크기 및 개수	□ 1개 □ 2개 [/4] [%] □ 4개 [/4] [%] □ 8개 [/4] [%] □ 15개[/4] [%] □ 45개[/4] [%]
11. 의사소통판	□ 단일 의사소통판 □ 범주화된 의사소통판 □ 구문형 의사소통판
AAC 상징 유형, 크기, 개수	[결과:]

AAC 평가 결과 요약				
AAC 사용 자세	선택 방법	상징 유형	상징 크기 및 개수	의사소통판 유형

참고문헌

경기도보조기구북부센터(2012). 보완 · 대체의사소통 보조기구 적용 및 활용 매뉴얼. 의정부: 경기도보조기구북부센터.

김소영(2002). AAC 보완대체의사소통 보조공학기기 활용 (임상)사례집. 미간행.

김영태(2014). 아동언어장애의 진단 및 치료(2판). 서울: 학지사.

밀알학교(2006). 2006학년도 특수학교수업개선연구교사팀 '의사소통을 위한 그림상징 개발 및 보완대체의사소통(AAC)도구 활용을 통한 수업지도 방안' 공개수업자료. 미간행.

박은혜, 김영태, 김정연(2008). 파라다이스 보완대체 의사소통 기초능력평가. 서울: 파라다이스 복지재단.

박은혜, 김정연(2010). 지체장애학생교육. 서울: 학지사.

박은혜, 한경근(2008). 중도장애학생의 교육. 서울: 시그마프레스.

이정은, 박은혜(2000). 보완 · 대체의사소통체계 적용을 위한 상황 중심 핵심어휘 개발 연구. 재활복지, 4(1), 96-122.

조수진(2009). 키다리 아기동요 보드북 1권: 머리, 어깨, 무릎, 발. 서울: 키다리.

木村裕一(2008). 냠냠 식사놀이[いただきますあそび]. 김미형 역. 파주: 웅진주니어. (원저는 1989년에 출판).

American Speech-Language-Hearing Association (2005). Roles and responsibilities of speech-language pathologists with respect to alternative communication: Position statement. Retrieved from http://www.asha.org/NR/rdonlyres/BA19B90C-1C17-4230-86A8-83B4E12E4365/0/v3PSaac.pdf

Bates, E. (1974). Acquisition of pragmatic competence. *Journal of Child Language*, *1*(2), 277-281.

Beukelman, D. R., & Mirenda, P. (2008). 보완대체 의사소통[*Augmentative and Alternative communication* (3rd ed.)]. 박현주 역. 서울: 학지사. (원저는 2005년에 출판).

Blackstone, S. W., & Hunt-Berg, M. (2003). *Social networks: A communication inventory for individuals with complex communication needs and their communication partners.* Monterey, CA: Augmentative Communication.

Bloomberg, K., West, D. (1999). He doesn't use his Talker much! *The Triple C: Checklist of communication competencies* (p. 34). Melbourne: SCIOP.

Bopp, K. D., Brown, K. E., & Mirenda, P. (2004). Speech-language pathologists' roles in the delivery of positive behavior support for individuals with developmental disabilities. *American Journal of Speech-Language Pathology, 13*(1), 5-19.

Bos, C. S., & Vaughn, S. (2002). *Strategies for teaching students with learning and behavior problems.* Boston, MA: Allyn & Bacon.

Bruno, J. (2006). *Test of aided-communication symbol performance.* Solana Beach, CA: Mayer-Johnson.

Committee on Networked Systems of Embedded Computers, National Research Council (2001). *Embedded, everywhere: A research agenda for networked systems of embedded computers.* Washington, DC: National Academies Press.

Cress, C. J., & Marvin, C. A. (2003). Common questions about AAC services in early intervention. *Augmentative and Alternative Communication, 19*(4), 254-272.

Downing, J. E. (2005). *Teaching communication skills to students with severe disabilities* (2nd ed.). Baltimore, MD: Paul H. Brookes.

Fenson, L., Pethick, S., Renda, C., Cox, J. L., Dale, P. S., & Reznick, J. S. (2000). Short-form versions of the MacArthur communicative development inventories. *Applied Psycholinguistics, 21*(1), 95-116.

Flannery, K. B., & Horner, R. H. (1994). The relationship between predictability and problem behavior for students with severe disabilities. *Journal of Behavioral Education, 4*(2), 157-176.

Halle, J., Brady, N. C., & Drasgow, E. (2004). Enhancing socially adaptive communicative repairs of beginning communicators with disabilities. *American Journal of Speech-Language Pathology, 13*(1), 43-54.

Huer, M. B. (2012). 보완대체의사소통 적용의 바람직한 모습과 이를 위한 제도적 기반. **2012 AAC 국제학술대회자료집**, 21-54.

Kent-Walsh, J., & Mcnaughton, D. (2005). Communication partner instruction in AAC: Present practices and future directions. *Augmentative and Alternative Communication, 21*(3), 195-204.

Keogh, W. J., & Reichle, J. (1985). Communication intervention for the "difficult-to-teach" severely handicapped. *Teaching functional language*, 157-194.

McNaughton, D., Symons, G., Light, J., & Parsons, A. (2006). My dream was to pay taxes: The self-employment experiences of individuals who use augmentative and alternative communication. *Journal of Vocational Rehabilitation, 25*, 181-196.

Mirenda, P., & Dattilo, J. (1987). Instructional techniques in alternative communication for students with severe intellectual handicaps. *Augmentative and Alternative Communication, 3*(3), 143-152.

Mirenda, P., & Santogrossi, J. (1985). A prompt-free strategy to teach pictorial communication system use. *Augmentative and Alternative Communication, 1*(4), 143-150.

Mirenda, P., Iacono, T., & Williams, R. (1990). Augmentative and alternative communication for individuals with severe intellectual handicaps: State-of-the-art. *Journal of the Association for Persons with Severe Handicaps, 15*, 3-21.

Musselwhite, C., & St. Louis, K. (1988). Communication programming for the severely handicapped: Vocal and augmentative strategies (2nd ed.). Austin, TX: Pro-Ed.

Quattlebaum, P. & Nalty, L. (1998). *A practical guide to augmentative and alternative communication: Assessment and intervention strategies.* Greenville, SC: Superduper.

Rainforth, B., York, J., & Macdonald, M. A. (1992). *Collaborative teams serving students with severe disabilities: Integrated therapy in educational programs.* Baltimore, MD: Paul H. Brookes.

Reichle, J. E., &Wacker, D. P. (1993). *Communicative alternatives to challenging behavior: Integrating functional assessment and intervention strategies.* Baltimore, MD: Paul H. Brookes.

Reichle, J., Rogers, N., & Barrett, C. (1984). Establishing pragmatic discriminations among the communicative functions of requesting, rejecting, and commenting in an adolescent. *Research and Practice for Persons with Severe Disabilities, 9*(1), 31-36.

Reichle, J., York, J., York-Barr, J., & Sigafoos, J. (1991). *Implementing augmentative and alternative communication: Strategies for learners with severe disabilities.* Baltimore, MD: Paul H. Brookes.

Rowland, C. (1990). Communication in the classroom for children with dual sensory impairments: Studies of teacher and child behavior. *Augmentative and Alternative Communication, 6*(4), 262-274.

Rowland, C. (2004). Communication Matrix: Especially for parents. Portland, OR: Oregon Health & Science University, Design to Learn Projects.

Rowland, C., & Schweigert, P. (2000). Tangible symbols, tangible outcomes. *Augmentative and Alternative Communication, 16*(2), 61-78.

Siegel, E., & Wetherby, A. (2000). Nonsymbolic communication. In J. Reichle, D. R. Beukelman, & J. C. Light (Eds.), *Exemplary practices for beginning communicators: Implications for AAC.* Baltimore, MD: Paul H. Brooks.

Sigafoos, J., & Mirenda, P. (2002). Strengthening communicative behaviors for gaining access to desired items and activities. In J. Reichle, D., Beukelman, & J. Light (Eds.), *Exemplary practices for beginning communicators: Implications for AAC* (pp. 123-156). Baltimore, MD: Paul H. Brookes.

Wetherby, A. M., & Prizant, B. M. (1992). Profiling young children's communicative competence. *Causes and effects in communication and language intervention*, *1*, 217-253.

Wetherby, A. M., & Prizant, B. M. (2002). *Communication and Symbolic Behavior Scales Developmental Profile (CSBS DP)* (1st normed ed.). Baltimore, MD: Paul H. Brookes.

Wisconsin Assistive Technology Initiative (2004). *WATI Assessment package*. Austin, TX: Pro-Ed.

Zollars, J. A. (2015). **그림으로 이해하는 자세보조용구**[*Special seating: An illustrated guide*]. 임명준, 한지아, 임성은, 김진수, 장태연 역. 서울: 박영사. (원저는 1996년에 출판).

http://www.atp.vt.go

http://www.kalsa.org

찾아보기

저자 소개

김영태(Youngtae Kim)

University of Florida 대학원 졸업(언어병리학 석사, 박사)

전 한국언어청각임상학회 회장

대구대학교 언어치료학과 교수

이화여자대학교 발달장애아동센터 소장

현 이화여자대학교 언어병리학과 교수

박은혜(Eunhye Park)

University of Oregon 대학원 졸업(특수교육학 석사, 박사)

전 한국보완대체의사소통학회장

현 이화여자대학교 특수교육과 교수

한국지체중복건강장애학회장

한선경(Seonkyoung Han)

University of Iowa 졸업(언어병리학 학사)

이화여자대학교 대학원 졸업(언어병리학 석사, 박사 수료)

현 언어치료 AAC센터 사람과 소통 소장

한스피크(Hanspeak) 대표

구정아(Jeongah Ku)

이화여자대학교 대학원 졸업(특수교육과 석사, 박사 수료)

전 옥정중학교, 구리중학교, 경은학교 교사

현 중앙아동보호전문기관 진술조력인

언어치료사 및 특수교사를 위한
한국 보완대체의사소통
평가(KAA) 및
중재(KAI) 프로그램
Program of the Korean AAC
Assessment (KAA) & Intervention (KAI):
for the Speech Therapists and Special Educators

2016년 8월 30일 1판 1쇄 발행
2023년 1월 20일 1판 5쇄 발행

지은이 • 김영태 · 박은혜 · 한선경 · 구정아
펴낸이 • 김 진 환
펴낸곳 • (주) 학지사
04031 서울특별시 마포구 양화로 15길 20 마인드월드빌딩 5층
대표전화 • 02) 330-5114 팩스 • 02) 324-2345
등록번호 • 제313-2006-000265호
홈페이지 • http://www.hakjisa.co.kr
페이스북 • https://www.facebook.com/hakjisabook

ISBN 978-89-997-1062-9 93370

정가 17,000원